生命，因閱讀而大好

不要只顧著努力，
也要過得幸福

給認真生活卻不安的你
58個幸福清單

쉽게
행복해지는
사람

跳舞蝸牛（Dancing Snail）／著
王品涵／譯

CONTENTS

序

○

頓時憶起曾經在地鐵站洗手間見過的文章。

「幸福，有兩種方法。
第一種，增加自己擁有的東西；
第二種，減少自己想要的東西。」

簡單明瞭。
在廁所，似乎總能迸出些哲學思維。

其實，我們再清楚不過了。
想要幸福，正是不要與他人比較、
對自己已經擁有的抱持感激、
專注於當下的生活即可──
腦袋早就對這一切滾瓜爛熟了。（只是做不到而已！）

然而，在現實生活中的所謂「幸福」，

根本不會如此單純、輕鬆就降臨。

太好奇了，真的好想知道到底要怎麼做，

才能將腦袋確知的事引領至內心呢？

於是，我遍覽所有關於「幸福」、「內心」的書，

然後從作者們建議的方法中，

挑出自己有能力完成的部分，

逐一實踐與體驗。

翻箱倒櫃地找出長久以來的一樣樣煩惱，

嘗試著拼拼湊湊出一直未曾解開的謎題。

再將自己在這段過程之中感受與領悟到的事，

與各位分享。

我們從小學到的是「只要努力生活就會變得幸福」。

不過，恰如某位精神科教授所言，

「努力」的標準實在太模糊了，

說不定根本沒有任何人可以達成目標。

探討「幸福人生」的各種人文書、

心理書的作者們（腦科學家、冥想專家、心理學家等），

都共同主張著一件事──

多數人都很難客觀地認知自我與當下。

最有趣的是，

越是幸福的人，

對現實反而越會抱持著近乎幻覺的認知過日子；

越是憂鬱的人，

對現實的認知則是越客觀、越接近真實。

「瘋癲一點，才能享受人生」的玩笑話，

原來竟是有科學根據的體悟。

反過來想的話，或許清醒地活得幸福之所以如此困難，

正是因為這就是人生。

這本書談論的是，

關於該怎麼做，才能一起變得幸福。

只顧著自己的幸福，自然無法成就什麼有意義的人生，

但一味為了他人犧牲的人，

也同樣是在丟失為自己而活的時間。

為了彌補其中的差距也好，

為了不是昨日或明日，而是「今日份」的幸福也好，

希望這本書能產生些許助益。

Chapter 1

致只顧著努力生活
而忘記幸福的
我

別對自己的行為過度謹慎與吹毛求疵。
所有的人生都是一場實驗，
實驗得越多越好。
——美國思想家、詩人拉爾夫‧沃爾多‧愛默生
（Ralph Waldo Emerson）

不要對他人的反應想得太多，

接受自己做得到與做不到的一切，

專注於當下所見所感的時光，

光是這樣便已足夠美好的那種日子。

度過夠好的一天，而不是完美的一天

○

有句話說，世上之所以沒有完美的人，

原因在於沒有完美的父母。

每個父母都想要將世上最好的一切傳承給自己的孩子，

然而，父母同樣是某人的孩子，

同樣是由不完美的人養育長大，

於是，他們也只能以自己的童年經驗為準，

與孩子建立關係。

我們從父母（或照顧者）身上繼承的精神財產，

即自尊感、愛、利他心、從容等，

將會影響一個人的一生。

有些父母會在不經意間傳承了受傷的內心，

像是自卑、焦慮、憤怒、挫折感之類的東西。

一旦這些東西一層、一層地附著於內心深處，

自己也會在不知不覺間，形成根深蒂固的負面自我意象。

或許，所謂的「人生」，

即是不斷地將經年累月堆積而成的「負面自我」

打撈起來的過程。

當然了，就算撈起了部分的負面自我，

也很難在轉眼間就徹底搖身一變、成為正面的人。

儘管如此，

依然要相信這段努力的過程是有價值的。

就算早已根深蒂固的自我剖面

不可能出現一百八十度的轉變，

但只要創造了比昨天稍好的一天，

那麼你的一切努力便已足夠。

每當感覺今天一整天都力不從心時，

希望你也能同時想起一件事——

「儘管如此，我依然過得很好。」

你，比你想像中來得更加強悍千萬倍。

雖然每個人的人生模樣與課題都不盡相同，

但我們都在捍衛著比昨天更好的今天。

即使不是個完美的人也無妨，
只要是個「夠好的人」就好。

即使不是個完美的父母也無妨，
只要是個「夠好的父母」就好。
即使不是個完美的一天也無妨，
只要度過「夠好的一天」就好。

為了贏得漂亮，
先學會輸得漂亮

○

在平準化*學區度過學生時期的我，

即便經濟狀況稱不上是十分富裕，

但也算是度過沒什麼不公平或嚴重歧視的童年。

生平第一次意識到所謂的「階級差距」，

則是在我準備應考藝術大學時。

由於家境不算特別寬裕，

父母還是硬著頭皮籌措補習費，

讓我好好準備考試。

某天，在我下課後準備前往地鐵站的途中，

遇見了補習班同學在司機的引領下搭上轎車返家；

直到那天，我才切切實實地感受到，

雖然他與我都在相同體制下準備考試，

---

* 韓國自 1974 年起實施的教育政策，藉由消除學校間、區域間的差異，緩解學生的
　考試競爭壓力，促進受教的公平與標準；類似臺灣的免試入學、特色招生。

卻與我生活在截然不同的世界。

對我來說像是另一個世界的景象，

或許，對別人來說只是再平凡不過的日常。

進入大學後，差距更是加倍明顯，

當我放假期間都在麵包店打工、

為了填補不足的學分重修，

徹底累成一灘爛泥的期間，

有些同學卻已靠著父母的支援，加強相關的語言研修，

正式邁出準備就業的步伐。

儘管所有人都已拚盡全力，

但這依然是不可能單憑努力就成功的社會。

有些人甚至心灰意冷地認為「成功，百分之百取決於運氣」。

只是，我們又是否知道，

自己存活在一個連運氣都可以依賴資本的世界呢？

買一張彩券的人和買一千張彩券的人，

平均中獎機率當然不可能毫無差異。

若想提高中獎機率，自然得增加嘗試的次數，

但令人感到悲傷的是，沒中獎時伴隨而來的費用，

同樣也是資本。

無法公平的，不只是通稱「金湯匙」、「銀湯匙」的

經濟資本而已，

現今已然是個包括與生俱來的氣質、成長環境，

甚至連外貌都有辦法改變的世界。

在可以培養自尊感與心理韌性環境中成長的人，

與無法擁有這些經歷的人，

在面對挑戰與失敗時，

能夠發揮的心理能量總額，

自然存在極大的差異。

於是，「成功百分之百取決於運氣」這句話，

意味的其實是關於成功必備的經濟、心理、文化資本。

為了贏得漂亮，得先輸得漂亮。

問題在於，

用以挑戰難以保證結果的資本額度，

根本遠遠不足。

因為掉進水裡而手忙腳亂了太長時間的話，

便再無法保持從容。

於是，我絞盡腦汁思考究竟該將自己擁有的資本中，

分配多少比例給「失敗」。

必須掌握懂得聰明選擇的祕訣才行。

既然世道已經如此艱難，

找到捷徑似乎才是上策。

所謂的成功與幸福，

或許正是讓那些內心從容明白的人，

懂得如何在人生途中遇見的每個岔路

再次轉向真正適合自己的方向。

為了浮出水面，
得先從深深沒入水中的練習，
開始。

不要逃跑，
而是試著好好地徬徨一次

○

有個笑話說，

某個人因為對人際關係感到太過疲憊，

選擇進入寺廟裡生活。

然而，當他實際到了寺廟後，

才聽聞原來人際關係是僧侶間相處極為重要的一環。

於是，他立刻放棄出家為僧這件事。

如同為了逃避人際關係而進入寺廟生活的人，

我也總是為了逃避自己不喜歡的工作而不停換工作。

但如果只是為了逃避這裡才改去另一個地方的話，

不過是稍微改變一下外在的型態而已，

類似的壓力依然存在。

無論再怎麼努力生活，再怎麼朝著理想的方向前進，

仍會莫名地有種「不知道哪裡出錯了」的感覺；

因為，自己從來不曾好好思考過真正想做的究竟是什麼，

只是顧著逃離當下罷了。

歌德曾說：「人在努力時，不免會迷誤。」

在徬徨之中成長的人生本身，即是其價值所在。

然而，重複經歷太長時間的徬徨，

就得好好檢視是否正依循著「逃避現實」的方向舵

準備逃跑。

因為討厭這個地方而離開，與前往真正嚮往之處，

顯然是兩回事。

期盼你的人生能朝著真正想去的方向前行，

而非逃避。

一旦不再徬徨，
成長也就結束了。

把嫉妒心換成粉絲心

○

嫉妒的奇妙之處在於，比起無法超越的天壤之別，

看見感覺與自己差不多的對象時，反而會變得更強烈。

相較於華倫・巴菲特（Warren Buffett）的財產，

或是 BTS 的受歡迎程度，

人們反而對於職場同事或昔日同窗功成名就時，

更顯不安。

「還好啦，那種程度我應該也做得到吧？」

一浮現這種想法的瞬間，

其實就已經開始了不願承認對方成就的

小心眼心態。

這種情緒不是健康的競爭心理，

而是會蠶食鯨吞自己的嫉妒心。

不久前在看某個選秀節目的我，

目光一下子就被

自我介紹是「酸葡萄歌手」的參賽者吸引了。

他表示自己每次只要見到比自己優秀的歌手時，

就會燃起酸葡萄的心態，

所以平常幾乎不看選秀節目，

並且面帶苦笑地自嘲自己的才藝是「眼紅與嫉妒」。

當時，擔任評審之一的音樂人金伊娜如此說道：

「當你自己意識到嫉妒心理的那一刻，

那就已經不是眼紅或嫉妒，而是憧憬與羨慕了。」

在參加選秀的過程中，誠實地承認自己的嫉妒心，

甚而將其昇華成「熱情」的他，

最後登上了冠軍寶座，淚灑參賽現場。

看著他的眼淚，

一直以來因為挑戰失敗而在內心留下的傷痕，

似乎也一併被治癒了。

雖然源於類似的情緒，

但嫉妒與憧憬對我們產生的影響，無疑是天差地別。

於是，根據處理情緒的方式不同，

可能因此毀了自己，

也可能成為激發自己進步的原動力。

仔細想想，這種名為「羨慕」的情緒本身，

起初是在想更成長、更進步的欲望燃起時，

才會隨之出現。

因此，如果懂得成熟地處理，

多多少少都能將它轉變為正面的能量。

第一步：坦白承認羨慕的心理。

不要貶低羨慕的對象，

或漠視自己的欲望。

接著好好審視，

藏在自己羨慕心理後的真實願望究竟為何。

第二步：接受羨慕對象與自己之間的差異。

唯有如此，雙眼才有辦法看清我們擁有的，

以及只有自己能做到的一切，

進而平靜地尊重對方的努力與成就，

擁有一顆懂得樂見他人成就的心。

我們可以使用「追星」這個詞，

來定義為「嫉妒」的另一種說法；

將引起自己嫉妒心的對象，

通通換成追星的對象。

如果可以做到的話，嫉妒回饋給我們的就不會是自卑感，

而是無限的喜悅與幸福。

☆

不必憂慮自己是否比他人優秀，

只要永不停歇地竭盡全力；

因為我們無法控制他人，

卻能控制自己的努力。

——傳奇籃球教練約翰·伍登（John Wooden）

你的成長是我的喜悅，
我的成長也是我們的喜悅。

※ Miracle Morning，興起於 2021 年韓國年輕人間的自律運動，主要提倡藉由早起
的方式善用時間。

學習適度不安的方法

○

一位心理學家向幸福活到老的人們詢問：

「幸福的條件是什麼？」

人們選出的第一名答案是：

「適應痛苦的成熟心態。」*

這意味著痛苦是所有人的必然經歷。

僅是型態的轉換罷了，

人生終究躲不過源源不絕、五花八門的問題。

其實，當正視那些令人感到痛苦的問題時，

造成你我真正不幸的，往往不是痛苦本身，

而是一味迴避痛苦，

或是假裝「沒有這回事」的否認心態。

原因在於，隱藏或壓抑問題，

只會引發更加嚴重的焦慮與不安。

* 《哈佛教你幸福一輩子》，喬治．華倫特（George E. Vaillant）著，許恬寧譯，
  天下文化，2018

儘管我們無法百分之百避免這種不安的情緒，

卻有辦法減緩它。

對未來感到憂慮的人，

通常也是懂得計畫未來的人；

只要能將不安調整至「可接受的範圍」，

並進行適當的處理，

自然就能讓不安成為我們朝著目標邁進的動力。

丹麥哲學家齊克果（Soren Aabye Kierkegaard）曾說過：

「學會適度不安的人，即是懂了最重要的一件事。」

不必太過執著於每天面對的小問題，

假如我們的人生道路是一條平順筆直的路，

那多無趣啊？

正是因為有上坡、有下坡、有碎石路，

才更有趣吧？

面對未來各式各樣的可能性，

興奮是理所當然，不安也在所難免。

當想法變得太多時，

不假思索地邁向自己想做的事，就是最好的選擇。

人生的答案不是一成不變的，而是得靠自己摸索、尋找。
在真正去嘗試之前，誰也不知道會是什麼模樣。

☆

認真過好每一天，人生就順其自然吧。

——電影評論家李東振

「生命不是等待暴風雨過去，
而是要學會在雨中跳舞。」
——薇薇安·格林（Vivian Greene）

説出想要做的原因，
而不是應該做的原因

○

在知名人士或偉人的成功神話裡，
絕對少不了一個要素——
關於激發成功的「匱乏」。

不只如此，在我們身旁，
一定也不難找到將自身匱乏化為動力的案例。
成年以前，壓迫著我人生一路走來的，
同樣也是難以數計的自卑感，
只是，一直以來對「匱乏」抱持的感激之情，
不知從何時開始變得令人厭煩。
匱乏、克服、競爭……這一切都讓我感覺惱火，
甚至連「戰勝自己」之類的常見標語，
都變得好討厭。

我開始疑惑，

為什麼我們終其一生都非得與某人、某事搏鬥，

過著非得克服這一切不可的生活呢？

雖然將匱乏或自卑感轉化為動力、

進而達成目標的人生確實了不起，

但到了某個時期，就該與這種方式道別。

因為在重複使用「匱乏」作為燃料的期間，

「我是『存在某種不得不克服的匱乏』之人」的思考方式，

可能早已深深滲透了自己的內心，

長時間擁抱這種不愉快的情緒，

並且捧著鮮血直流的內心向前狂奔，

自然跑不了多遠。

當一個人將匱乏視為更上一層樓的唯一動機時，

往往也無法享受過程，

因此，必須持續尋找讓人努力堅持的其他動機。

所謂的「匱乏」，一直以來都被當作

「唯有在必須克服它時，才是有效用、有價值之物」。

然而，當我們看電視劇或電影時，

最有觀眾緣的角色，

往往都是存在些許缺點的人吧？

創傷與缺陷，使你我變得人性化與討喜，
這也意味著「匱乏」已扮演好它的角色了。
匱乏，不是非得要克服的對象，
或是一塊塊邁向成功的墊腳石——
把匱乏放回原來的位置，
保有原來樣貌的我們，也能好好地成長。
不妨試著尋找那些在日常生活中
能讓自己感到愉悅的小事小物，
並且享受當下能做的一切，
帶著享受的心情朝目標邁進吧！

當發現「想要做的原因」，而不是「應該做的原因」時，
我們才能走得更久。

我的缺陷，
讓我變得可愛。

品嚐深度投入的快樂

○

不知從何時開始，無力感就像心理感冒一樣，

成為了日常的現象。

所謂的「無力感」，很容易就和「什麼也做不了」、

「整天只會一直躺著的景象」聯想在一起，

這些當然也是無力感的主要症狀，

只是，有些人被無力感襲捲時，

反而會不停地為達成某件事而忙得不可開交。

表面上看起來似乎很有活力、充滿能量，

實際上卻無法百分之百專注於當下，

試圖迴避真正重要的事。

我們無法專注於眼前的原因，

通常是因為「做了也做不到」的恐懼。

為了避免「得不到理想結果」的失望或挫折，

於是開始推遲真正該做的事；

並為了掩蓋那股「負債的感覺」，

轉而忙著做其他事來消磨時間。

其實，比起外在看起來是精力充沛或意志消沉，

內在是否維持在真正專注的狀態，才是更重要的。

將這種「忙碌無力感」現象的起因，

僅歸咎於人們的心態並不合理。

原因在於，

我們正生活在史無前例的龐大科技刺激之中，

但無論機器再怎麼取代人類的工作，

我們的時間卻還是永遠不夠用！

於是，人們在閱讀、料理、吃飯時，

都得同時看著智慧型手機，啟動多工處理模式。

既然連在走路時都得每走三步就低頭看一次手機，

自然就無暇正視自己內在的不安。

為了擺脫諸如此類的阻礙，

首先要使用足夠的時間，接受源於內在的恐懼；

接著，嘗試拒絕過多的選項，

全神貫注於最重要的事。

積極地駐足在當下，

便能品嚐到深刻投入其中的真正幸福。

☆

唯有處在沉思的狀態，

人類才能超脫自我，

浸淫於大千世界。

——《疲勞社會》（피로사회，暫譯），韓秉哲

我的思想與內心停駐之處，
即是我的人生所在。

不要為了負面情緒崩潰

○

過去曾有段時間因為

《你好棒！鯨魚訓練師告訴你讚美的力量》

（*Whale Done!: The Power of Positive Relationships*，

肯·布蘭查著）

登上暢銷書排行榜後，

在韓國刮起一陣稱讚風。

不知道是否受到這股風潮影響，

偏好稱讚大於嚴格訓誡的氛圍，

流行了一段時間，

專家們也對稱讚帶來的作用議論紛紛。

原本以為稱讚只有百分之百的好處，

所以當我得知存在「不好的稱讚」時，

著實感到相當震驚。

即使稱讚有辦法讓像鯨魚那般龐大的生物也歡欣起舞，

但運作人類心理的，卻是複雜千百倍的結構。

假如是僅限於結果而非過程的稱讚，

隨之產生的正面情緒有時反倒百害而無一利。

原因在於，當我們感受到正面情緒時，

會因為對未來無法持續維持在相同水平而感到不安；

如此一來，一旦無法成功，

可能會因而萌生「自己是個一文不值的人」的

危險念頭。

相反的，在惡劣情況感受到的不適情緒，

有時也會帶來助益。

藉由負面情緒感知危機，

當日後再度面對相同情況時，

自然就能應對防範。

不過，有一點必須特別留意──

千萬別讓因某個失誤而產生的負面情緒，

衍生成「我連這點事也做不好」的想法。

此時，只要單純地認知「事情的發展不順利」，

感受對事件本身的負面情緒，

日後再試著找一找自己能順利完成的事就好。

每個人的人生都得同時感受正面情緒與負面情緒，

無可避免，

然而我們能做的是，

練習不將這些情緒與自己視為一體，分別看待。

如此一來，便能不被人生在世感受到的無數情緒擊潰，

風平浪靜地度過這一切。

是事情發展得不好，
　不是我做得不好。
事情，就只是事情本身而已。

分辨日常的壓力與不幸

○

當身體感到疲憊或內心敏感時，

即使只要經過幾天就能忘懷的瑣碎小事，

也變成彷彿整個人生都遭遇不幸的天大事。

然而，時間一久，

那些曾被貼上「不幸」標籤的大事，

通常也只是由壓力引起的狀況。

面對困境時，我們所感受到的壓力，

其實扮演著像是我們體內火警偵測器的角色。

壓力會在我們的大腦被負面情緒佔據、

徹底發生故障前，

發出「需要充分休息」的訊息。

響起的偵測器，

能讓火警不至於蔓延成不可收拾的大災難；

壓力，同樣也是基於保護你我的身心，

為了避免我們面對更大的不幸，
搶先一步發出警訊。
因此，請務必學會分辨
何謂日常的壓力與真正的不幸。

當大腦對負面刺激的反應太過敏感，
只要我們一置身困境，
就很容易習慣性做出負面的解釋。
於是，必須有意識地練習
在面對倍感壓力的事情時，
避免使用將小事化大的渲染解釋。

試著向自己提問與質疑，
習慣性做出的負面判斷究竟
「多接近事實？」、「是否有根據？」。

邁向幸福的過程，
從來就不存在毫無苦難的道路。
如果每次面對難關時，
都將這一切放大解釋為「世界末日了」、「我完蛋了」，

自然無法振作，向夢想邁進。

千萬不要忘記，劃分幸與不幸的不是情況本身，
而是自己在那之後的解釋與態度。

不要失去
自己獨有的速度與方向

○

當見到某人達到了不起的成就時，

我總會默默在心裡計較著對方的年紀。

儘管此時也會想起「年紀只是個數字」這句金玉良言，

但理論與現實還是不盡相同吧？

一方面覺得被「年紀」綁手綁腳的文化令人鬱悶，

一方面卻早已深深融入其中。

「年紀比我小那麼多，卻已經有那種成就？」

雖然說來有些羞愧，

但這種比較與競爭的心態，總像反射動作一樣蹦了出來。

感覺彷彿打從學生時期就開始的成績排名，

直到老了、死了都還窮追不捨。

必須比別人上更好的大學、賺更多的錢、

維持更好的體態、開更好的車、住更好的房子、

在適當的年紀結婚生子、

趕在太遲之前讓子女順利嫁娶、

到了老年時期就像其他人一樣含飴弄孫……

置身於如此令人窒息的賽跑，

又有誰能在競爭之中成為自由的靈魂呢？

競爭力與存在價值畫上等號的社會，

無論是升遷或換工作、離職等私人情況的轉變，

似乎都很難完全擺脫這場無邊無際的競技場──

不過是從這裡的競爭，

換到那裡的競爭罷了。

努力改變看待世界的思考方式，

或許就是我們能盡全力做到的「最好」。

因此，即使我們在競爭中落於人後，

依然需要避免喪失內心的價值。

自我的存在價值標準，

不只存在外在，同時也存在於內在，

像是「雖然考試落榜了，

但我已拚盡全力，所以也沒有遺憾」、

「就算面試被刷掉了，

但也因此有了再挑戰其他工作的勇氣」之類，
給予自己力量的話語。

儘管知道「比較」沒有盡頭，人生也沒有正確答案，
但從小便習慣接受評價的我們，
依然不停地在瞟一眼他人人生的同時，懷疑自己的路。
一聽見早早結婚的人說「晚點結婚也不錯啦」時，
未婚的人便開始來回審視已婚者與自己，
逐漸坐立不安。
無論是羨慕他人或感覺不安的情緒，都沒關係，
人，本來就是如此。
不過，希望你不要過度執著於這些念頭，
而失去了自己獨有的速度。

希望我們都能以自己獨有的速度成長，
而不是比任何人都快一步的成功；
希望我們都能追求自我實現，
而不是比任何人都來得完美。

成長，而不是成功；
自我實現，而不是完美。

不要被禁錮在悲劇的想像之中

○

出席陌生人比較多的聚會或商業會議時，

我習慣先想像一下那個場面。

由於「現實與想像完全不一樣」

是再理所當然不過的事，

因此，事先想好要講的話，

通常也會像什麼也沒準備過似地煙消雲散，

到頭來只是白忙一場。

明知道結果如此，

我卻依然會不由自主地在腦海中啟動模擬作業，

只因對即將到來的事情感到恐懼。

難以控制這種恐懼的情緒時，

先試著轉念會是個好方法。

想像一下，

在自己腦海中出現的最糟劇本是上映中的電影，

而我只是個觀眾。

換句話說，

即是一意識到「大腦創造出來的只是幻象」，

就要盡快將自己拉回現實。

如此一來，便能順利分辨現實與想像，

進而客觀地看待情況。

由於思想與情緒會互相影響，

因此，透過「如實看待情況」的練習，

有助於安撫負面情緒。

假如這麼做之後仍感到恐懼，

不妨試著將負面想法寫成文字，

然後像個嚴謹的警探一樣，問一問自己——

「這件事在現實中發生的機率有多少？」、

「萬一真的發生了，有沒有什麼應對方法？」

所謂的「勇氣」，

意味的不是天不怕、地不怕的大膽，

誰又知道那些表面上做出勇敢行徑的人，

內心是否也是瑟瑟發抖呢？

如果面對任何事都毫不畏懼的話，

其實也證明了那些事對自己來說，

根本一點也不重要。

儘管對於伴隨著「選擇」而來的艱難，感到恐懼，

卻依然堅信自己是正確的，

這才是真正的勇氣。

我很喜歡環遊世界的自行車旅行家

車白星先生說過的話——

「當我騎著登山車上山後，

看見眼前有碎石或樹根之類的障礙物時，

若變得怯懦，就一定會摔倒。

這種時候，果斷地騎過去反而是最安全的。」*

過度的想像，很容易讓人失去勇氣。

因此，在被禁錮在「我做不到」的想法前，

直接去做吧！

※〈中年的轉捩點 3：車白星先生——從大企業常務變成自行車旅行家〉，東亞日報，
　2009.03.03（http://www.donga.com/news/article/a;;/20090303/8703295/1）

想得少一點，

並且銘記，恐懼即是勇氣本身。

☆

勇氣不是無所畏懼，

而是即使畏懼仍勇往直前。

——安琪‧湯馬斯（Angie Thomas）

光是每天好好活著，
你便已經是個勇敢的人了。

試試看、試試看、試試看，不要後悔。
——排球選手金軟景

Chapter 2

從今天起，
我決定傾聽
自己的心

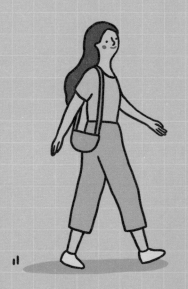

此時此刻，就是世界上最重要的時間；
現在在你眼前的人，就是世界上最重要的人。
——列夫·托爾斯泰（Leo Tolstoy）

尋找專屬於自己的房間

○

去年冬天，我搬離父母的家後，

第一次自己生活，擁有屬於自己的空間。

滿心期待即將迎來康莊大道的我，

從沒想過接二連三的厄運正在虎視眈眈。

搬好家沒多久，就因為樓下鄰居的漏水問題，

必須修理凍裂的管線，

結果為了修繕費用與房東起爭執，

委屈的情緒也隨之湧現；

不久後，又因為年久失修的門把故障，

被困在家裡浴室，只能打一一九求救；

而隔壁、樓下鄰居每晚為了樓層間噪音的吵架聲，

更是讓我神經緊繃。

由於憂心繼續這樣爭執下去可能會發生新聞事件，

我每晚都如坐針氈。

經過接二連三的事件後，

我不禁開始思考這個名為「家」的空間，

究竟代表什麼意義。

某些空間本質上具備的意義，

往往會在無法保護心靈安穩的瞬間，開始褪色。

當「家」不能充分扮演好「我的私人空間」這個角色時，

人們便會轉而尋找代替的空間。

或許正是基於這個原因，

才會有人選擇待在咖啡館吧？

儘管有些人認為窩在咖啡廳是裝模作樣、奢侈的行為，

但對另一些人來說，

那個地方可能是他們拚命找到、僅此一處的私人空間——

每個人都需要一個專屬於自己的房間。

雖然我們不可能擁有一生之中每處踏足之地，

但在那些地方度過的時光，的確是自己獨有的。

在美好的空間感受美好的心情，

而後，讓回憶成為自己人生的一部分——

於是，我們今天也去了咖啡館。

豐富人生的方法，
是增加充滿回憶的空間。

蛻下虛假的自我

○

我曾聽過某個電台節目以「打腫臉充胖子」為主題，
在節目中讀出聽眾投稿的各種故事。
有位聽眾的故事是——
「只要去賣場買東西，絕對選擇刷卡不分期，
然後一回到家就開始按計算機。」
節目來賓則坦白地補充自己的經驗談——
「我有次其實也想分十二期，
但因為很在意他人的眼光，
所以當下還是選擇了不分期。」

閒逛路邊的商店時，
我也曾因莫名在意店員的眼光，
而買下根本不想買的東西。
明明是這輩子可能只見這麼一次的人，
為什麼要這麼在意對方的眼光？
為什麼就不能理直氣壯地踏出店家？

回想起來，

當時的內心深處似乎存在著某種自卑感。

大概是害怕被看不起吧？

當人對自己越沒有自信，

那不值一提的自尊心也就越猖狂。

為了隱藏低落的自尊，

人們於是用閃閃發亮的包裝紙，層層裹覆自己的身軀；

這麼做，難道不是因為沒自信接受撕下包裝後，

自己僅是一副空殼的模樣嗎？

有時也需要蛻下虛假的自己，擁有變得坦白的勇氣。

不必為了看起來比較了不起，

而將自己囚禁在莫名其妙的框架之中。

真正重要的，其實早已存在於你的內心。

面對真正的自己，

不需要虛偽粉飾。

不顧結果地去愛自己的生活

○

從事自由業，

最讓我自信心低落的兩種情況是：

接不到工作時，以及感覺酬勞被削減時。

雖然我知道作品的商業性與藝術價值是兩碼事，

但每次面對充滿「是否能盡量再算便宜一點？」

語調的訂單時，

我不免開始為自己標價。

事實上，在資本主義的社會中，

多數領域的人事費用都是依循市場行情決定，

而非勞動者的能力。

因此，無論我的年薪再怎麼「嬌小玲瓏」，

實際上都不意味著我的勞動價值等同於此。

只是，

每當目睹自己傾注在工作中的血汗、淚水，

被碾壓成「薪水」的型態時，

難免會開始質疑自己一直以來的努力與過程。

除了工作之外，

我們在許多情況也都習慣根據結果，來判斷整段經歷：

「結果好的話，過程一定很好啊」、

「結果不甚滿意的話，所有過程都一文不值」。

舉例來說，對父母而言，

「孩子」這個結果帶來的幸福感大於一切，

所以即使生產過程再怎麼艱辛，

也都化成美好的回憶，成為想要再生一胎的基石；

經歷過殘酷分手結果的人，

銘記在心的，可能只會是經過負面曲解的苦痛記憶。

然而，形塑你我人生的，

始終是累積至今的過程總和。

如果因為結果不夠體面，就連帶詆毀所有過程，

就是將整個人生都貶值了。

即使需要冷靜分析事情的結果，

也應該將結果與過程帶來的經驗、價值分開思考；

無論「我」在他人的記憶中是否只是一個結果，
我絕對不可以用相同的方式看待自己。

我希望，
自己有時也不顧結果地去愛自己的人生過程。

今天也辛苦了！

不要只顧著努力，也要過得幸福

下班後，
停止思考工作

○

在餬口飯吃的過程中，

再也沒有什麼比意識到

「自己是個能被隨時取代的人力」一事，

更令人感到氣餒的時候了。

即使有一隻螞蟻從認真搬運麵包屑的蟻群消失，

也不會有任何人察覺，

大家或許只會繼續在同心協力搬運麵包屑之中默默老去吧？

無論自己替工作貼上多麼浪漫的標籤，

對所屬的職場或組織而言，

事實上根本沒人在乎無利可圖的「我」這個人的價值。

如果有一名勞動者從組織裡消失了，

不過是再用盡可能便宜的費用，不斷地填補空位罷了──

宛如充滿了無數個路人一、路人二、路人三的

臨時演員的一齣戲。

近來，被更便宜的人力取代還不夠，

我們竟然還得承受被人工智能取代的威脅；

人工智能甚至逐漸跨足原被視為

「只有人類才能完成」的創作工作。

一見到最近推出懂得繪畫、寫劇本的 AI，

實在讓我不寒而慄。

現今的機器非但比人類來得更有工作效率，

甚至能運作比人類大腦更優秀的思考。

現在，只有人類才擁有的，

是從溫暖胸膛散發出來的人性以及創意，

然而，人性與創意，

是沒辦法在像機器一樣不眠不休、

只顧埋首工作之中發揮的。

原因在於，

人類的大腦無法在同一時間順利完成兩件事，

充滿創意的想法，也很難從不休息的大腦中萌芽。

因此，我們每個人都需要暫時休息一下，

當世界越是充滿可以用一個人取代另一個人，

甚至再用機器取代人類的威脅，

我們越是需要積極地休息。

第一步，
先試著從下班後停止思考任何工作事項開始吧！
如果有非得完成的工作就盡快做完，
不要耗費過長的時間工作，
或過度掛慮隔天的工作。
有時間的話，
可以嘗試進行長時間的放空練習。
週末時與摯愛的人們一起度過，
去做些想做的事，而不是應做的事。

我們只學過「努力就會成功」，
卻從未好好思考過「工作對我的意義」。
再次想了想關於「自己被取代的可能性」這件事，
對職場而言，我不過是隨時隨地都可能被取代的人力，
可是，對我的家人、朋友、愛人而言，
你我都是無可取代的唯一。
當全世界都試圖以其他東西取代我時，
他們始終會為我留下那個屬於主角的位置。

儘管在因為「可取代的勞動者一號」的事實
而感到悲傷的日子裡，
也千萬不要忘記，
我們每個人對彼此都是絕不可取代的，
珍而重之的人。

明天能做的事，今天就別做了。

——土耳其格言

讓自己知道「我做得很好」

○

每次觀賞嵌入韓文字幕的外國電影時，
總會浮現一個疑問，
那就是關於「You are welcome.」的翻譯——

「Thank you.」（謝謝）
「You are welcome.」（哪裡的話）

當我們在日常生活聽見別人說「謝謝」時，
真的有見過任何人以充滿戲劇化的口吻回答
「哪裡的話」嗎？
不，應該是說，真的有人這輩子曾從口中說出
「哪裡的話」嗎？
我在字典上找到關於「哪裡的話」的意思是：
「完全不需要、不必這麼說；
亦可用於以謙讓態度否定對方的話。」
意思與我們常用的「不用啦」或「小意思」等回應類似。

既然如此，

為什麼「You are welcome.」翻成韓文時，

只能意譯成「不用」呢？

明明是感謝，怎麼會「不用」？

難道在韓文中就沒有稍微謙遜些的詞彙，

可以用來接受他人的謝意嗎？

假如是站在正在學韓文的外國人立場，

意思聽起來就像是在否定對方的感激之情一樣：

「Thank you.」（謝謝）

「No.」（不用）

在關於稱讚的對話中也是如此。

當他人使用「做得很好」（Great）給予稱讚時，

韓國人就會用「沒有啦」（No）

而非「謝謝」（Thank you）做為回應，

尤其是當年紀較小或地位較低時，更是如此；

因為我們從小學到「這才是有禮貌的行為」，

也是整個社會一致認同的結果。

再加上，相對於強調個人主義的西方文化，

在較傾向「關係至上」的東方文化，
自然會在對話時更重視「他人」而非「自己」的情緒。
貶低自我的文化，
確實早已無孔不入地滲透日常生活。

謙遜不是壞事。
只是，必須警惕「這不至於是值得稱讚的事」，
以及將成果視作分內之事的過度虛心，
最終是否反而轉變成嚴厲的自我評價。
置身於原本已吝於稱讚的社會之中，
至少，我們可以稍微讚美一下自己。

從現在起，當聽見令人愉悅的稱讚時，
不妨試著用「謝謝」取代「沒有啦」，
然後揚起一個微笑吧！
讓自己知道：「我做得很好！」

偶爾，刻意地斷絕

○

以前曾發生過熱門通訊軟體因為系統故障，

導致傳送訊息的功能停頓數小時的事。

當時我搜尋「通訊軟體故障」後，

隨即見到無數人劈里啪啦的抗議留言，

像是因為無法傳送業務資料導致下不了班的人，

以及向喜歡的人傳訊息告白後，急得直跳腳的人……

大部分留言都哀號著：「拜託快點排除故障！」

僅是切斷與他人的連結幾個小時，

卻彷彿已癱瘓了全國上下的生活似地；

我們的生活，竟然被拴上了如此嚴實的關係鎖鏈。

不是只有通訊軟體如此，

使用社群網站後，

我們對「關注度」似乎開始出現成癮的跡象，

有時甚至對此感到害怕。

就算 Instagram 增加三個追蹤人數，

但同時有一個人退追蹤，

畏縮的感覺也會油然而生。

然而，這種現象其實也正是社群網站平台期望的結果，

漸漸地、悄悄地，

滲透深藏在你我內心的小聲音：

「想要填補退追蹤數的話，就要上傳更多貼文啊！」

「不需要更多關注嗎？」

「你看看，其他人都過得超級開心耶！」

被排除在外的恐懼油然而生。

因為這種「錯失恐懼症」（FOMO, Fear of missing out），

人們時時刻刻都有種「自己好像做了錯誤選擇」的感覺。

儘管週末在家看看書、吃吃飯，

平靜且安穩地度過假期，

也會因為在社群網站見到朋友聚會照片的瞬間，

而被不安感淹沒。

社群網站平台正是利用這種方式，

製造使用者對自己的不信任。

當我們越來越不安、投入更多時間使用社群網站後，

廣告商就會開始不斷推銷，

讓使用者購買一大堆不必要的商品。

最後，我們的關注與時間，

就這樣在不知不覺間成為市場上的交易。

若是不想因為「錯失恐懼症」而失去自我，

我們需要更多「錯失的喜悅」（JOMO, Joy of missing out），

意即專注於享受當下。

在這個時代，為了捍衛自己的主體性，

最重要的，

是擁有「不做那些無所謂的事」的能力，

選擇減法，而非加法。

如果期望幸福住進自己的心房，

首先要騰出空間；

不必要的擔憂、過度的焦慮不安、

害怕被冷落的恐懼……

是時候濾掉這些東西，

為內心進行一場資源回收了。

容我介紹一下自己的獨家排毒方法──

先為自己在週間使用社群網站的時間設定限制，

在週末時則乾脆刪除社群網站的應用程式；

如此一來，就會因為覺得重新下載、登入很麻煩，

而放棄使用。

於此同時，也能積極地斷絕排山倒海而來的過量資訊。

重新回到之前提到的通訊軟體故障事件。

那天，我在無數抗議留言中，

見到了一則格外醒目的留言：

「收不到任何關於工作的訊息，真好。

希望故障乾脆一直持續到明天，這樣就不必工作了。

請慢～慢～檢查伺服器哦 ^^」

多麼新穎的轉念思考啊！

偶爾也需要刻意的斷絕。

為了阻擋介入人生的不必要刺激，

以及擺脫過度緊密的連結枷鎖，

你和我，都需要暫時關閉手機的自由。

☆

「孤獨，不是獨處者的心境，

而是與不渴求之事斷絕連結者所保有的自由。」

——《隱遁機械》（은둔기계，暫譯），金弘中

「我們的夢想是主導人生。

不是完美、輕鬆的人生，而是簡單的人生。

為此，你必須放下阻礙前路的一些東西。」

——《極簡主義：簡單就是潮》[*]

作者，萊恩・尼克迪穆（Ryan Nicodemus）

* Netflix 紀錄片《極簡主義：簡單就是潮》（*The Minimalists: Less Is Now*），
2021

不必為了奇怪又無禮的人
感到氣餒

○

有些人看似熱情、親切，

仔細觀察，卻是收起隱藏在底下的利爪步步逼近——

佯裝成建議的干涉、包裝成理性的批判，

這些人的言談之中總是充滿著冷笑嘲諷。

雖然其中也有些經過一段時間後

反而會回過頭來感激對方的經驗，

不過，大多數都只是戴著「忠告」面具的責難或多管閒事，

實際上根本毫無幫助，徒使他人惱火罷了。

聽見不像話的話時，最具邏輯性的理想方法，

就是確實指出對方的錯誤。

不過，在此也特地與基於性格無法這麼做的人，

以及已經厭倦這個方法的人，

分享一些面對無禮的人生智慧。

1. 答非所問

適用於想面不改色應對壓制自己的人時，

或聽見自己不想參與的閒話時：

「你有看到金主任今天穿的衣服嗎？

他以為自己是什麼藝人嗎？完全就是在譁眾取寵啊～」

「哦，嗯⋯⋯對了，聽說今天下午會下雨，你有帶傘吧？」

2. 含糊作答

不斷重複使用數個含糊的詞彙，

藉以應對過度八卦的多管閒事者。

只要面帶微笑、像個 AI 重複相同的答案，

便能輕鬆帶過大部分的問題。

「你今天妝化得滿濃的耶？應該是下班後要去約會吧？」

「嗯，就⋯⋯^^」

「唉唷～這是什麼答案嘛～和金主任相處久了，

你不覺得他有點龜毛嗎？」

「是哦⋯⋯^^」

萬一遇到明顯帶著惡意、刻意想碾壓自己氣勢的人，
有時確實得盡可能表現出強悍的態度，
或索性選擇無視、閃避等極端的方式；
不過，當選擇和擺明衝著自己而來的人硬碰硬，
落入對方設計的圈套往往是遲早的事。
以情緒化的方式面對莫名其妙的話語，
只是徒增自己的壓力罷了。

人生很長，
沒有必要為了在人生路上遇見的每一個蠢蛋
傾注自己珍貴的能量。

因此，不要過度認真看待每一件事，
從狗嘴裡吐出的話僅代表話者的品格，
定義不了我。

我說這些話
都是為了你好……

嘴巴不是用來放屁的。
如果真的是為了我好，
可以麻煩直接閉嘴嗎？

成為懂得接受
一體兩面的大人

○

有個關於婚姻的老笑話。

對方在婚前的優點,

都會變成婚後的缺點;

在婚前的缺點,

反而還可能會變成婚後的優點。

世上的每一件事,都是優點與缺點共存,

雖然只是玩笑話,

卻或許正是看透人生本質的偉大領悟。

在代代相傳的警世名言中,

有句「本性難移」,

是以絕望心死的表達方式,

形容某些人的負面特質;

不過,另一個具有相同意義的「始終如一」,

使用的卻是正面的表達方式。

如何看待「不易改變」的一致，
決定了這種特質究竟是優點或缺點；
假如「具有高度同理心」是教師或護理師的優點，
那麼對軍人來說，就有可能是缺點。
其實，我的性格特質就單純只是「我的個性」而已，
是優點或缺點，
會隨著周圍環境與事態變得不同。

我們總是相信每個人都擁有某些亙古不變的本質，
難以接受一個人可能隨著環境與情況而有所改變；
原因在於，當我們越快評斷一個人的特質，
也越容易決定自己對待他的態度。

我們都置身於人生的多樣化脈絡之中，
對我來說獨一無二的摯友，
對某人來說卻是留下椎心創傷的情人；
對我來說孤僻古怪的同事，
卻可能是熱心協助孤單老人的鄰居。
世上沒有絕對的好，也沒有絕對的壞，
因此，我們必須理解，

單憑自己與他人社交的模樣，
並不等於就是對方的全貌。

懂得接受一體兩面時，
我們才終於長成了真正的大人。

☆
世上之事物本無善惡之分，思想使然。
——《哈姆雷特》，莎士比亞（William Shakespeare）

「智者樂水，仁者樂山。」
——孔子

為了自己而寬容

○

我真的很討厭「懂得忍耐才是贏家」、「吃虧就是佔便宜」
之類的話。
這些話對被「給人方便卻被當隨便」的人來說是種傷害，
對願意讓步與體諒的人來說，也可能因此被當成笨蛋。
置身於這個明明自己擁有正當權利，
循法律途徑卻行不通的社會，確實令人鬱悶。
最讓人感到委屈的是，
每當此時選擇了不啞忍、勇敢為己發聲時，
自己反而成為了更痛苦的一方。

上了年紀後才體悟到，
大人們不是比較成熟，
而是因為沒有力氣去為不重要的事抗爭，
所以才會變得那般寬容。
為了某人提高分貝，
或是長時間付出自己感情的各種角力，

往往在事過境遷後仍遺留令人不悅的情緒，
最後無疑只是在折磨自己。

「以牙還牙、以眼還眼」的觀念，
有時反而是對我的蛀蝕。
報復是一場沒有贏家的遊戲，
再加上，情緒具有極大的傳染力，
越是表現出攻擊性，
只會越強化憤怒的程度，根本無法洩憤。

以前遇上不愉快或委屈的事時，
若無法在當下就表達出情緒，
內心的熊熊怒火甚至會燒得我輾轉難眠；
然而，我卻在某個瞬間，忽然領悟到自己根本不必如此。
因為，即使你我生活的世界是正義無法常勝的地方，
我卻仍願意相信，至少在我的內心世界，
善良依然能永遠戰勝邪惡。

心懷惡念終究只會吞噬自我。
因此，即使我不需要多麼拚命努力，

那些予人痛苦的人，心境也早已處於地獄之中。

等一等！這麼說不代表要無條件熄滅怒火，
熄滅與忍耐憤怒，對精神健康相當無益。
忍讓，始終得在沒有憤怒情緒的狀態下才能完成。
此時，只要稍微思考一下那些讓自己難受的情況，
是否攸關生死，自然就會有所幫助。
假如答案是否定的，
那麼就該想一想自己是否投入了超乎事態的情緒，
並靜心檢視是不是會造成長期的損害，
然後做出稍微為自己著想的聰明判斷。

儘管這些都是老生常談，但忍讓的下一個理想階段，
就是「寬恕」。
根據史丹佛大學的「寬恕計畫」研究顯示，
寬恕不僅能有效降低壓力、提高自信，
甚至還能改善免疫系統、減緩心血管疾病與慢性痛症等，
對身體健康產生實際的助益。
如果能有這種程度的效果，
用時下流行語來形容，簡直就是「佛心」吧？

世上當然也存在連接受寬恕資格都沒有的

罪大惡極之人，

只是，為了某人的錯誤陷入長時間的煎熬，

等同於是你依然放任對方支配自己；

別再讓那些一點也不重要的事一直束縛自己了！

我決定不再費神深思
關於那些傷害我的人了。
因為，我不想為了一個瘋子
毀掉寶貴的今天。

不必費心理解無法理解的事

○

我很喜歡演員尹汝貞女士。

憑藉電影《夢想之地》榮獲奧斯卡女配角獎的她，

得獎感言又成為了話題。

而我看完獲獎影片後，也對這個人更加好奇了。

在後來找到的一段訪談報導中，我見到了這段文字——

以前，

她曾經為了就算只是演個小角色，

也會被多數人討厭的事而感到痛苦，

因為觀眾說：「不想看到離婚的女人出現在電視上。」

可是，現在大家卻很喜歡她。

對此，她會不會覺得很奇怪呢？

尹汝貞女士說：

「很奇怪啊，不過人本來就是如此。」

讀完這段文字後，

我想起了過去無法理解的那些關係，

包括自己曾敞開心胸靠近，最後卻形同陌路的人們；

以及嘗試理解，遺憾卻始終揮之不去，

最後只是搞得自己不停胡思亂想的那些關係。

或許是自己在那些關係之中做錯了什麼，讓彼此漸行漸遠？

我一直想從自己身上找出原因。

現在，只要再次因為煩惱人際關係而心亂如麻時，

我就會想起她說過的話。

確實很奇怪，但人本來就是如此啊。

別人可以一下子喜歡我又一下子討厭我。

然後又在討厭我一陣子後，重新變得喜歡我。

當一段關係出現問題時，

過度的分析其實沒有什麼幫助；

分析，既挽回不了友情或愛情，

也解決不了矛盾。

因此，不必非得釐清藏在他人話語與行動背後的意義。

「他為什麼要對我說那種話、做那種行為？」

他人不過隨心所欲罷了，

只要不再絞盡腦汁地翻攪回憶、揣測，

人生與人際關係也會變得輕鬆許多。

你我都活在不一樣的情況與環境之中，

自然也不可能百分之百理解彼此，百分之百清楚一切內情。

因此，如實地接受他人的話語與行動吧，

不必再費心思，去嘗試理解無法理解的事了。

嚴禁揣測

認同彼此的不同

○

藝人宋恩伊女士在某個綜藝節目中提到，
當人生發生了無法理解的事時，
她都會重複說著這些話：

「（他們）就那樣吧。」
「嗯……難免啦！」

她說，這是自己從歌手楊姬銀女士口中聽見後，
一直銘記於心的兩句話。
不僅這段影片在社群網站廣受大家喜愛，
楊姬銀女士也出版了同名散文
《就那樣吧》（그러라 그래，暫譯）。
她在書中是這麼說的——
「恰如每個人對同一首歌的評價不盡相同一般，
世事本來就沒有所謂的正確答案，
所以我不再在乎別人，決定隨心所欲地活著。」

經過漫長歲月洗禮的她的醒悟，

引起了我極大的共鳴，

同時也讓我重新檢視過去的那些關係。

在思想多少有些狹隘的二十多歲，

我經常會陷入「你怎麼可以這樣對我？」的思考模式。

這種想法往往是源於

「你絕對不可能這樣對我」為前提的極端心態。

根據研究顯示，

慢性憂鬱症患者們多傾向使用「不可能」、「絕對」等

不留餘地的表達方式。

因此，當對方沒有順從自己的想法時，

這類人相對感覺受傷的機率，

就會比擁有「難免」想法者來得更高，因此會更憂鬱。

「本來」，

是難以包容他人者經常使用的詞彙。

這類人習慣以「我本來就是這種人」、

「他本來就和我合不來」等話語，

判斷自己與他人。

在一段關係之中的多數矛盾，
即是由「我是對的，你是錯的」的思考模式開始。
唯有跳脫是非對錯的框架，並認同彼此間的差異，
才有可能邁入下一步。

每個人都有截然不同的想法與情緒，這是正常的，
而我們需要的是，
「你是對的，我也是對的；
我們一起找出彼此的共通點」的態度。
因此，毋須再為了證明自己正確，浪費不必要的能量了。
大可試著去分辨一下，
「這些話都是為了你好」究竟是真的為了對方好，
抑或只是為了想獲取「我沒錯」的認同；
如果是後者，只要自己認同自己就夠了。

相反的，當某人假裝為了我好而持續自說自話時，
也可以靜靜地在腦海中憶起楊姬銀女士的話——

「就那樣吧。」
「難免啦。」

世上其實沒有明確的是非對錯吧？

只要將「喜悅」之名賦予一件事，
再難熬的時刻，也能成為好的經驗；
哪怕被人誤解、責備，
只要有人看得見我的真實樣貌，
便已足夠。

因此，就算得不到所有人的認同也無所謂。

你走你的陽關道，
我過我的獨木橋。

Chapter 3

我們的「今天」
渺小且珍貴

「今天不必太貪心，
只要活著回來就好。」
——《我的媽媽是海女》(엄마는 해녀입니다，暫譯)，高希英

不要把今天活得「暫時」

○

每隔兩年搬一次家的我，

總是覺得自己很快就會離開這個地方，

按照自己的喜好裝飾所處的空間，

似乎只是無謂的奢侈、浪費；

持續積累著並非我喜好的時間，

枯等著不久將來的「某一天」，

而過程中卻絲毫感覺不到「我的人生屬於我」。

停駐在被標籤了「暫時」的空間，

使得連在這個地方的人生，都變得暫時。

曾聽過一位收養流浪貓

邁入第七個年頭的中途之家愛媽表示，

經過這麼久的時間，

其實早就已經不是「中途之家」，

而是一起生活的家人了。

自從我下定決心「有一天能擁有自己房子的話，

一定要把它打造成充滿自我風格的空間」後，

已經過了二年、四年、n 年……

日積月累的一天又一天，就此成為了我的人生。

如果說過去的趨勢，

是只有在結婚擁有房子後才認真裝潢的話，

近來則是吹起了一陣替租屋處自行裝飾的風潮。

因為，即使一輩子都可能無法擁有屬於自己的房子，

卻也不想再為了不確定的未來，典當今天的幸福了。

「我以後再做」這句話，

其實就是「我根本不會做」的另一種說法。

為了不想再活得「暫時」，

我決定今天也要細膩地觀察生活的空間，

並且讓它充滿著專屬於我的喜好。

打理好自己的空間，是我不願隨便對待自己人生的意志，

也是我對今天這個日子，展現何謂活在當下的堅定決心。

開始做想做的事的最好時機，
就是現在。

用心傾聽
身體與內心的聲音

○

對於一個一直以來除了呼吸之外

不活動身體到了極限的人來說,

決定購買健身房為期六個月的會員卡,

代表已經到了「繼續這樣下去可能會死」的時候了——

我就是在浮現這種想法之際,開始了皮拉提斯。

幾年前因為原因不明的腿部痛症,前往骨科求助,

結果得到了「缺乏運動導致腿部肌肉退化」的診斷。

為了不想繼續這樣生活下去,

我索性前往健身房,

當櫃檯職員說了句

「今天是六個月會員優惠的最後一天哦」後,

就二話不說加入會員。

一想到這些年來被束之高閣的無數張健身房會員卡,

姑且不知道會不會是個衝動的決定……

但我現在真的非常感謝那位櫃檯職員,

因為，全靠那張「無法退款」的會員卡，
我才得以完成有生之年首次持續了六個月的運動生活。

儘管是為了活下去才咬牙開始的運動生活，
令人意外的是，改善的並不只有身體健康而已。
原本喜歡胡思亂想的我，長久以來飽受頭痛的折磨，
但在做棒式的時候，
除了「一、二、三、四……教練，我不行了！」外，
我完全無法思考任何事。
原來，當肉體承受著辛苦時，
莫名其妙的思緒也隨之消失，
精神自然變得清醒。

在研究證實能改善憂鬱症的方法中，
最具代表性的方法之一，即是「跑步」。
雖然，眾所皆知跑步可以讓身體變得健康，
但它竟然也有助於心靈健康？
身體與心靈的關聯性，
果然也在科學得到了驗證。

因此，為了好好運用身體，必須仔細檢視自己的心靈；

為了讓心靈平靜，也必須同時照顧好自己的身體。

然而，我們通常都反其道而行，

要不是在身體疲勞時，長時間沉迷遊戲給予過度刺激，

要不就是在憤怒時，暴飲暴食刺激性食物摧毀身體。

精神科專科醫師全弘鎮教授曾在著作

《敏感的我，怎麼可以這麼好》*中提及，

我們的身體需要「懂得完全休息的能力」。

對現代人來說，

所謂的休息就是使用智慧型手機上網，或是瀏覽社群網站，

但這其實是與放鬆身心全然相反的行為。

細心觀察自己的身體在什麼時候會變得放鬆，

當心靈變得越是焦慮不安或難受時，越該讓身體好好休息，

並隨時傾聽來自身體與內心的聲音。

＊《敏感的我，怎麼可以這麼好》，全弘鎮著，翟云禾譯，拾青文化，2022

深呼吸，吐氣～

在人生的所有過程中駐足

○

登山是個相當有趣的運動，

目標乍看之下是為了攻頂，

但仔細想一想，其實最終的目的地即是出發地，也就是家；

為了節省時間、進行有效率的工作，

人類發明了許多比雙腳更迅速的機器，

結果卻又與其他動物沒有兩樣，重新付出時間走路。

為了下山而上山之事，

我們最終期望藉由登山體驗的，

或許不是停留在山頂的短暫瞬間，

而是走路的過程本身。

只是，扣除登山之外，

你我正處於歷史上前所未見的不走路世代，

不走路的我們，

似乎也忘了在過程中駐足的方法。

精神科醫師文耀漢曾在其著作

《守好你的心理界限，療癒你的內在小孩》*提到，

無關行為的報酬或結果，

而是過程本身便能讓我感到愉悅的經歷，即為幸福。

享受過程，

意味的是百分之百聚精會神在自己做得到的事。

懂得駐足於當下這一瞬間的人，

即使事情的發展結果不如預期，

也能盡情享受從過程中得到的滿足感。

我們的人生與登山並無不同。

比起達成夢想，

朝著夢想前行的所有過程，才是我們真正該駐足之處。

* 《守好你的心理界限，療癒你的內在小孩》，文耀漢著，陳彥樺譯，新樂園，
2019

願你永遠不會失去對走路的熱情。

每天送自己步入幸福，

而後帶自己步離痛苦。

— 齊克果（Soren Aabye Kierkegaard）

練習愛當下的這一瞬間

○

身為計畫狂的我，尤其喜歡擬訂待辦清單，

每次完成一件事後，

拿起紅筆唰、唰地畫掉時，

那種爽快的感覺難以言喻！

當確認了一整天的待辦事項通通完成時，

即可基於「度過了充實的一天」之意義，

在桌曆的今天日期上，標記一個大叉叉。

然而，有些日子則是在一整天過去之前，

就已經畫上了大叉叉；

假如剩下的時間不多了，

就姑且當作為那一天畫下句點的意思。

直到年底翻閱著畫滿大叉叉的月曆時，

我才在剎那間驚醒——

「我……原來一直過著每天都像在交作業的日子。」

在英文的慣用語中，有一句話是這樣說的，

「We'll cross that bridge when we come to it.」

直譯的話，即是「船到橋頭自然直」，

但實際上的真正意思是「現在先不要談論這件事」、

「等到事情發生了，再來解決就好」，

毋須在尚未抵達那座橋前，

便杞人憂天地擔心究竟該如何通過它。

人生，雖是無論你我再怎麼準備都存在無法避免的變數，

但就算真的遇上了意料之外的情況，

一切也都會自然過去的。

從今年起，每當結束一天時，

我都會在月曆上的今天日期上畫一個大圈圈。

恰如兒時獲得

「好寶寶」紅色圓形印章時的喜悅般。

儘管只是渺小的改變，但每次見到月曆時，

我都能因此發現在過去那些日子與今天，

都變得更積極正面的自己。

幸福就在當下，而我卻一直往他方尋覓。

當內心朝著過去或未來而去時，

不妨試著練習，將心重新帶回此刻，

讓我們更懂得去愛當下身邊的一切。

光是夢想幸福，就能讓你變得幸福。
因為朝向幸福的心，
就是現在，就在這裡。

想像一下八十歲的自己

○

每當對某件事感到猶豫時，

我都會試著想像一下八十歲的自己。

那時的我回顧此時此刻的自己時，

會不會後悔做過什麼、沒做過什麼？

最後悔的大概是這件事吧——

用「沒時間」當作藉口而一再拖延的那些瑣事；

像是沒能再多花點時間，陪伴家人或朋友，

以及沒有好好照顧自己的身心健康，之類的事。

許多人總是對「稍微休息一下」

感到焦慮，

因為他們認為應該把全部時間都投入在更重要、

更有效率的事。

然而，只要仔細想一想就會知道，

處於緊張、連喘口氣的時間都沒有地向前衝，

與並未保持這種緊繃的狀態，

其實不會產生什麼攸關生死的天大差異。

緊張不安時，我們往往會因為只顧著拚命望向前方，
而沒有餘裕去看一看周圍的世界。
於是，視野變得狹隘，思想也產生偏差；
但人生的漫漫長路，得要慢慢走才行。
內心越是急躁，越該懂得放鬆，
好好地深呼吸後，再度邁開腳步前行。

懂得遠觀的人，
自然就能從容地接受瞬息萬變的世界，
並且做出適時適地的最佳選擇。
因此，我今天也用了三十分鐘在住家附近走一走，
慢慢地吃蘋果、讀詩，
空出時間與媽媽講電話。
不為其他，僅是反覆咀嚼著每一個當下的幸福，
走著、走著，然後在腦海中，
浮現八十歲時某個日子的那條散步小徑。

無論發生任何事，
都要重新向前看

○

我在學開車的過程中，明白了一件事——
一個人的開車方式，
原原本本地呈現了他的生活態度。

當開車途中遇到突發狀況時，
總是顧著定睛探查事故處的我，
反而忘記該注視前方。
明明應該迅速掌握事故位置，
然後趕快重新注視前方，
但我為什麼老是做不到呢？
仔細思考了一下才發現，
我就是用這種方式在過人生啊。

當原本計畫好的事無法如期進行，
或面臨意料之外的難關時，

我總是無法完整抽離自己的心，直至腐蝕、潰爛，
甚至過了好久好久，才有辦法再重新向前看。

這種性格，
如實地反映在開車的時候。

雖然我沒有車，
但為了荒廢的駕照即將到來的換發日，
我持續接受了爸爸的特訓。
最近聽到耳朵都快長繭的是——
目視前方 70%，
留意周圍 30%，不疾不徐。
此外，張望周圍的同時，一定要把腳一直放在煞車上；
只要能先把車子停下來，就不會發生多大的意外。

我想，
這個建議同樣適用於人生這條路。
人生在世，無論遇到任何障礙物，
只要可以先慢慢停下來，自然就能避免更大的災難。
即使發生了始料未及的變數，

也只要投入 30% 的心思就好，

然後將剩下 70% 的心思，專注於前方；

如此一來，才不會失去方向。

儘管駕駛功力依然拙劣，

我卻在開車的路上，學會了在人生路上前行的方法。

人生就像開車，

目視前方 70%，留意周圍 30%，不疾不徐。

永遠別忘記向前看。

有時要過著
適度遺忘的生活

○

與任何人爭吵時，

最糟糕的情況，就是當對方開始一口氣翻舊帳的瞬間；

儘管我們都想盡可能避免這種情況，

我卻對自己做出相同的行為。

早知道不要錯過那個人、

早知道就該進那間公司、

早知道就不要說那句話……

放任既無意義也無用處的思想反芻、折磨著自己。

對當時的我來說，那已是最好的選擇，

就算真的可以回到過去，

極有可能還是會做出相同或類似的決定。

只是，

我們往往都因為確信只要有辦法回到過去，

就能做出更好的選擇，
而對此感到後悔萬分。

然而，再怎麼遺憾、煎熬，
過去就是過去了。
「為什麼會那樣？」、
「為什麼這種事會發生在我身上？」、
為什麼、為什麼、為什麼！
死纏爛打著「為什麼」，
意味著依然停留在過去。
因為有些事情的「原因」，
是存在比那一刻還要更過去的時空；
而朝著未來前進的人，
無論如何都只會想著「目的」。

與遺忘抗衡的我們，只學會了牢記考題的方法，
卻似乎從未學過該如何善用「遺忘」過生活。
有意義的回憶固然需要珍而重之，
但也不能因此任由已逝的一切取代現在。

左右你我未來的，

不是過去的我或沒有做的選擇，

而是此時此刻做了什麼選擇。

何苦再尋覓過去之事的原因呢？

有時，過著適度遺忘的人生也無妨。

遺忘，

是神給人類最好的禮物。

——法國劇作家麥西爾

(Louis - Sebastien Mercier)

要記得，
並非只有自己的人生好難

○

別人好像做任何事都能迎刃而解，
但為什麼我做不到的事卻這麼多？
別人好像連運氣都很好，
只有我沒有一丁點運氣，
為什麼別人做起來就是那麼輕鬆？

我們之所以有諸如此類的錯覺，
原因在於多數人不會刻意提及
自己成功背後的細節與經歷過的故事。
大家都不太會將自己經歷過的苦難，
一五一十地說給周圍的人聽。
恰如我們只會在快樂、幸福的時刻拍照般，
人們也只會精挑細選自己成就最耀眼的部分來談論。
再加上，每個人的成功都是在無數努力後加上運氣，
才能有所成果，

因此在他人眼中，

才會只看見去除努力與辛苦的運氣與結果。

在成功的偉人故事中，

往往都增添了不少美化與改編；

因此，實在很難拿這樣的成功故事與自己的經驗相比。

假如真的有看起來一次也不曾經歷失敗、

事事都能完美解決的人，

或許只是因為他把自己包裝得很好罷了。

沒有必要為了無法完成別人輕而易舉做到的事，

而感到自責。

對正在經歷苦難的人來說，

光是知道自身的痛苦並非只是自己的問題，

而是其他人也曾有過相同的經歷，

內心就能因而平靜下來，

這是所謂的「普遍化療法」；

相反的，當我們感覺只有自己在經歷某種境況時，

便會覺得格外難熬。

因此，

不要再拿某人的成功「結果」與自己的「過程」比較，

然後為此萌生「只有我做不到」的想法。

只要記住，絕對不是只有自己的人生過得如此辛苦，

內心自然就能稍微舒坦一些。

世上沒有不勞而獲的事。
別在任何人付出的努力面前，當隻「我也能鸚鵡」。

今天，就只想今天的事

○

「我為什麼要活著？」
有時，我會因為陷入這種
一下子想不到答案的大哉問，
而死命地渴望掙脫。

當因為各式各樣的思緒冒出而頭痛不已時，
不禁會浮現「我不管了啦！活著已經這麼忙，
還要找什麼生命的意義？」的想法。
或許，大家正是因為沒有帶著什麼了不起的意義
來到這個世界，
所以才能如此活著吧？
一旦陷入這種關於存在的煩惱，
在無窮無盡的沉思過後，
往往只會得到像是「人生毫無意義」之類的空虛結論。

只靠頭腦思考，任何事都是難事。

沒有任何人是在確實熟悉走路的方法後，

才開始邁出第一步，

所有的孩子都是一邊搖搖晃晃，

一邊學習走路的方法。

人們無法單憑理論學會任何事，

過多的思考也只會成為享受當下的阻礙。

因此，比起尋覓深奧的意義，

有時也需要放任自己在生命的長河中隨波逐流。

吃飯時，只想著食物；工作時，只想著工作；

與家人相處時，只想著家人；睡覺時，就只是睡覺。

簡簡單單的生活，也很不錯吧？

當感覺「尋找人生的意義」依然像份未完成的習題，

不妨來個折衷的方法吧？

今天，就只思考關於今天的意義；

而後再慢慢地延伸，

思考關於這週的意義、這個月的意義，

甚至今年的意義。

如果能將「人生意義」的重擔暫時從肩膀卸下，
或許人生自然就會為你釐清一切——
你，只要自在地活著就夠了。

今天，就只先在意今天的事就好！

Chapter 4

因為我最愛的，
必須是我

即使你不完美，
依然有充分的資格接受愛與善意。
——《正念》(*Good Morning, I Love You*，暫譯)，
蕭娜・沙皮洛(Shauna L. Shapiro)

尋找自己獨有的色彩與香氣

○

小時候，我最常聽到的一句稱讚，

就是「聽話的孩子」。

或許是因為我必須從大人那裡確認自己的用處與必要性，

才能對自己的存在感到安心吧！

這種乖巧的性格一直持續到長大成人，

成為一個善於接受他人建議的大人後，

我也總是能在初次接觸的領域裡，

相對迅速地掌握要領。

雖然在別人眼中，

這也略懂、那也略懂的多才多藝，是我這種性格的優點，

但從另一方面來看，

年過三十五歲的我，

卻似乎仍未擁有專屬於自己的鮮明色彩。

有時，我真的不清楚自己究竟是什麼樣的人，

甚至產生

「終其一生都只能在找不到自我的徬徨之中度過」

的不安感；

後來，我終於恍然大悟，

讓我不安的，

會不會是因為比起「自己期望的我」的模樣，

我反而更在乎「他人期望的我」的模樣呢？

所謂「活成自己」的模樣，不一定非得像廣告一樣，

某天突然辭職不幹了，

然後出發環遊世界當個 YOLO*。

儘管遍尋不著像樣的答案，

但「尋找自我」的這趟旅程本身，

即是「活成自己」的人生了。

倘若能意識到自己雖不是出類拔萃，

卻在各種領域都稍有涉獵；

偶爾與他人比較，

也會自覺不足並且帶著些許缺陷的人生——

正是屬於「我」的一切時，

＊ You Only Live Once 的縮寫，意指及時行樂、享受當下的生活態度。

也就是準備好活出自我的時候了。

我想，或許自己那不夠鮮明的曖昧混色、
不濃不烈的隱約韻味，
才是真正專屬於我的香氣。

唯有不去成為什麼，才能成為自己。
我懇切地渴盼能夠成為自己。

☆
做你自己，
其他人都已經有人做了。
—— 奧斯卡 · 王爾德（Oscar Wilde）

尋找我期望的自己，
而非他人期望的我。

不要敗給與他人的比較

○

小時候，

老師會在成績單上用漢字「秀優美良可」

取代打分數來評定學業表現的優劣。

一直以來都不太清楚漢字意思的我，

只知道「秀」是好的、「可」是不好的。

直到近來明白那些含義後，

忽然有種被狠狠拍了一下後腦勺的感覺。

秀：一枝獨秀的秀

優：優秀的優

美：美好的美

良：良善的良／良好的良

可：可以的可／可能的可

單獨拆開來看的話，其實每一個字都是正面的意思，

但「良」、「可」卻是大家默認的不及格。

再加上，在韓國向來也只有全科目都拿到「秀」的學生，

才夠格被視作真正的優等生。

學校從來沒有告訴過我們，

就算是體育拿手，但數學偏弱的學生，

或是不擅長外文，但熱愛音樂的學生，

也能在自己專精的領域，各司其職地成為厲害的大人。

被抹除獨特個性的我們，

只是學會了如何區分自己與同儕的優劣。

討論關於「自尊感」的話題時，一定會出現一句話──

「好好愛自己，不要與他人比較」。

只是，比較的心理是人類與生俱來的本能，

根本不可能過著完全不與任何人比較的生活。

其實，「比較」本身並不會傷害任何人。

蘋果比柳丁紅、籃球比桌球大，

這些都不是在區分優劣或評論價值之意。

比較，顯然也一定有其正面的含義，

我們理應藉由社會比較，變得比過去更進步，

同時與他人一起精進成長。

問題在於，當「比較」開始變得齊頭式的時候，

無法通過單一標準的人，因此被排擠；

或是做為歧視的工具時，「比較」就會變得相當殘忍。

於是，被徹徹底底評頭論足的你我，

不由自主地隨著來自外界的認同與否起舞。

在家庭、學校、職場，

在每天看不停的社群網站……

置身於日日夜夜都得面對這些標準之中，

甚至還要再背負額外的課題——

「不要與他人比較，要好好愛自己原本的模樣。」

社會鋪天蓋地地指教著我們的自尊感，

然後再悄悄地將「愛自己」這件事，推卸給每一個人。

其實，雖然不與人比較的生活很難，

卻存在著能擺脫比較的方法，

只要聚焦在比較「原有的功能」即可。

就像「蘋果比柳丁紅、籃球比桌球大」一樣，

練習將比較僅停在單純的測量事實，

而不再草率地判斷蘋果與柳丁的價值高低，
或是籃球、桌球哪個更正確。

只要純粹的比較，掌握實際的狀態即可，
並跳脫「喜歡」、「討厭」之類的情緒化，
以理性判斷方式思考。
只要能記住這兩點，
便不會被「比較」侵蝕，
反而能讓其成為自己成長的墊腳石。

想要變得幸福，

就是不要過度在意他人。

——阿爾貝卡繆（Albert Camus）

停止虛假的自我開發

○

「因為我太懶惰才沒辦法成功」、

「我應該更努力一點」、

「這一切都是我的錯」……

大多數的人應該都曾聽過這些來自內心的聲音。

如此鞭策著我內心的監考官，

究竟是從何而來呢？

以前，統治階層會對奴隸階層進行語言、身體的暴力，

藉以榨取他們的勞力。

然而，到了表面上沒有階級制度的今時今日，

則是變成勞工本身在榨取自己。

當你我像這樣壓迫自己、藉此取得成果的期間，

肉眼看不見的統治階層，

為了不讓人們停止勞動，

於是不斷灌輸諸如此類的訊息——

「你可以選擇自己想要的任何事。」

「朝著夢想努力，無止境地開發自己吧！」

「請拚了命地努力。」

表面上看起來，

我們好像真的擁有自發性挑戰與成就的自由。

然而，對成就與自我開發成癮的人，

越是壓榨自己，

越是在幫助經濟體系不費吹灰之力地支配勞動力。

戴著自我開發面具的自我壓榨，

最可怕的地方在於，

壓榨得我如此難受的，

正是源於我自己的內在。

因此，

為了擺脫壓榨，

我們開始攻擊自己、讓自己背負愧疚感。

此時，內在壓榨者又提出質疑：

「你的自尊感為什麼這麼低？」、

「為什麼不懂愛自己、尊重自己？」，

形成二度傷害的荒謬局面。

許多人為了「必須更努力」的不安與壓迫感，

而陷入承受慢性壓力的狀態；

這是摸不清自己前進的方向，

只顧著漫無目的地狂奔而產生的混亂感，

一味跟隨他人指定的方向，

模糊了自我開發的真正意義。

假如只是無條件地努力生活，卻沒有設定方向，

最終留下來的，

大概只有永遠無法填滿的空虛與倦怠。

因此，比起只顧著埋頭往前狂奔，

更應該回頭看一看自己，

認真思考一下「這份工作對我的重要性為何？」、

「為什麼我想努力？」。

我們的努力不該是壓榨自己，

而是要建立自己獨有的價值，乃至真正的成長。

於是，我們就會明白，

此時此刻的努力是自己由衷希望的，

而不是從外界學習而來的自我鞭策。

你真的知道自己正跑向何方嗎？

尋找現實與夢想之間的平衡點

○

以獨特幽默演技帶給觀眾歡笑的電影演員

金凱瑞（Jim Carrey），

其實曾有一段讓人笑不出來的童年。

金凱瑞的父親年幼時曾在管弦樂團演奏薩克斯風，

後來因為領養家庭出現，他便放棄了自己的夢想，

與現實妥協，後來從事會計師的工作；

大約在金凱瑞十四歲左右，父親失去了他的工作，

一家人也因此不得不露宿街頭。

回想起過世的父親，金凱瑞說道：

「比起在挑戰自己喜歡的事遭遇挫敗，

為了家庭放棄夢想、甚至在自己毫無熱情的事情經歷失敗，

更讓人難以接受。」

眼看父親為了根本不喜歡的事失敗潦倒，

金凱瑞決心就算拚上性命，也要朝著自己的夢想前進——

結果，他成功了。

假如人生必須同時為了想做的事、該做的事，
擔負失敗的風險，
那麼熱血地挑戰一次自己喜愛的事，
絕對有其價值。

只是，儘管將一切通通傾注在喜愛的事上，
能像金凱瑞一樣獲得戲劇化的成功，
顯然也只是少數案例。
有些人就算找到了能讓自己熱血沸騰的事，
但當這件事成為日常後，卻逐漸失去熱情；
而多數人則是在長時間持續鑽研喜愛的事物後，
才發現無法兼顧現實層面的問題。

魯莽地跟隨熱情的腳步，
其實還存在另一項風險，
因為，無論是任何工作或職業，
往往都不是打從一開始就有滿腔熱忱，
而是在見到一定程度的成果後，才會隨之激發。
就算是夢想與革新的指標人物
史蒂夫‧賈伯斯（Steven Jobs），

也不是在一開始就抱著過人的熱情創立蘋果品牌。

在開發第一台電腦之前，

賈伯斯僅是協助

工程師友人史蒂夫・沃茲尼克（Stephen Wozniak）的副業，

負責銷售電路板（circuit board）零件。

直到某間電腦商店成功賣出了組合好的電腦後，

賈伯斯才為了賺錢，正式展開事業。

就連賈伯斯也是見到工作逐漸上軌道後，

才開始對蘋果電腦湧起更大的熱忱；

起初的他，

也像尋常的小螞蟻一樣，

只是為了餬口才開始工作罷了。

假如我們沒有夢想與熱情，

自然無法在人生的路上創造任何變化。

只是，就像一個人總會對另一個人的感情冷卻般，

對工作的熱情總有一天會消逝，

再怎麼喜歡的事，一旦變成了工作，

辛苦的感覺也隨之湧現。

相反的，

適性與一定程度的成果，有助於延續熱情的維持。

不過，可別誤會「適性」一詞，

這裡指的不是一開始就沒有付出任何努力，

卻依然表現傑出、充滿興趣的意思。

所謂的適性，

代表我能自然而然地投入工作。

即使不清楚自己擅長什麼、喜歡什麼，

不妨思考一下，當自己做哪件事時，

總是會覺得時間過得很快。

如果可以將這件事轉換成足以創造資金的型態，

就能成為一份職業。

在想做的事、該做的事與做得到的事之間，

你我無止境地苦惱著。

世上到底有多少人

可以精準地結合喜歡的事與擅長的事呢？

如果我現在的願望與現實已經相互背離了，

那麼就試著從「認同這件事」開始做起吧！

利用自己擅長的事或做得到的事去賺錢，

接著用賺來的錢買時間，

再將這些時間用來重新挑戰自己喜歡的事……

這個方法，會不會正是站在工作與夢想的岔路時，

既接近快樂又不失現實的聰明妥協方案呢？

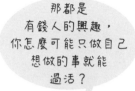

買幸福與回憶，而不是物品

○

日前有位宗教人士在電視上公開私人住宅後，

累積的財產遠遠超乎世人想像，也因此掀起爭議。

難掩失望的信眾這才驚覺，

過去強調「幸福不在擁有」、「布施才是人生」等道理的他，

根本言行不一。

於是，便將曾出自他口中的「無擁有」

戲稱為「full 擁有」。

其實也不用等到這種事浮出檯面，

那些打著「療癒」旗幟，

宣揚「幸福不該與物質、金錢掛勾」的理念，

卻自己大手筆購入豪宅、豪車的「幸福事業家」們，

向來就不罕見。

只是，幸福真的如他們所言，

與擁有毫無關聯嗎？

我們無法否認，
現實層面的消費確實增加了感覺幸福的機會；
只是，擁有很多金錢，
也的確不一定會變得幸福。
否則，為什麼不少富有的人
最後依然選擇了結束生命一途呢？

應該聚焦的部分是，
如果「擁有不一定能保障幸福」這句話真的成立，
至少得先解決最基本的生計。
引用韓國心理學家金泰亨*的話──
貧窮確確實實地減少了幸福感。
實際上，擁有的金錢增加，
最主要的關鍵在於減少痛苦，而非提升幸福；
因此，如果要討論幸福與擁有間的關聯性，
首先必須擁有足夠的金錢
讓人擺脫生計不穩定帶來的痛苦。

* 《鼓吹虛假幸福的社會》（가짜 행복 권하는 사회，暫譯），金泰亨著

你我都再熟悉不過

「金錢不是人生的一切」這樣的道理，

只是，

一旦考量到今時今日的 M 型社會與所得不均，

破壞了多少人的生活品質，

不難得知，否認金錢對生活的影響，

其實多半是謊言。

好，假設我們努力工作、

達到維持生計的基本所得水準，

之後，對幸福造成的影響

其實是取決於如何使用，而非擁有多少。

根據研究資料顯示，

比起單純地擁有物質，

將金錢使用在與朋友一起享用美食、

與家人一起旅行等相關消費時，

往往更能感受到加倍的幸福。＊＊

＊＊《Good Life》（굿 라이프，暫譯），崔仁哲著

原因在於，肉眼可見的擁有物可以與他人比較，
但體驗某件事的感覺或情緒，
卻很難與他人比較。

同理，一件物品若是堆在家裡不使用，
那麼這件物品就僅是物質性消費；
但如果能每天使用並因此感覺幸福的話，
變成體驗性消費的它，價值也隨之增加。
所以我向來不太購買過於昂貴、
需要百般愛惜的物品擺在家裡，
物品就該使用，而不是成為人供奉的對象。

實際上，消費與擁有本身並不負面，
以擁有物來衡量自己的價值，
才是問題所在；
只要不過度崇尚消費主義，
其實根本沒有必要將消費行為看得太重。
因為，我們不僅能透過消費經驗了解自己的喜好，
也能藉此與他人交流、體驗多樣經歷，
並且將其轉化為珍藏一輩子的回憶。

只要是有價值的消費，

多少都能獲得同等分量的幸福感。

因此，我們必須有一套屬於自己的標準，

去分辨什麼是自己真正的欲望、

什麼是外界灌輸的虛假欲望。

不再因為「必須擁有比別人更多」的貪念而變得不幸，

到頭來卻發現那根本不是自己真正想要的。

既不是無擁有，也不是 full 擁有，
而是真正的擁有幸福。

找出一些正在變好的事物

○

接觸「瑜伽」這項運動並成為興趣，

至今大約六個月了。

由於我不太能完成那些需要柔軟度的動作，

因此第一個月主要都在彎彎折折需要伸展的部位，

在過程中聽著它們一個個發出劈劈啪啪的聲響。

我就這麼含著淚水，重複地折疊、伸展、翻轉、

旋扭了整個身體幾個月……

終於能稍微接近曾暗自心想

「正常人的身體怎麼有可能變成這樣？」的動作了。

雖然慢了點，但只要不放棄，

原來人類還是可以進步的嘛！

無論是學習某件事或成長，

往往都少不了停滯不前的重複過程。

問題是，當人突然從事某件沒做過的事時，

大腦會將這些「改變」認知為「危機」。

我們的大腦通常會依循

有利於維持平時習慣的恆常性法則運作。*

持續了長達數年的壞習慣，很難在一朝一夕間改正；

相反的，剛開始進行的事，

通常會淪為三分鐘熱度的原因也是如此。

據說，為了讓大腦將日常變化認知為習慣，

至少得持續重複同件事達三週才行。

用嘴巴講講當然很簡單，但真的要在三週期間，

一天不漏地堅持某件事，

可就沒那麼容易了。

所以無論面對任何事，

還是趁早放棄期望「一次就能看見改變」的想法吧！

舉例來說，對一輩子都與運動絕緣的人而言，

想要他們在短時間內每天運動持續三週，

實際上等於要他們直接放棄。

＊《製造血清素！》（세로토닌하라！，暫譯），李時亨著

不過，倒是應該在運動日與不運動日之間，

加入一個「差點運動日」、「下定決心運動日」，

或是「差點就換好運動服日」也無妨，

總之，肯定與鼓舞自己，

亦是更有效堅持下去的方法。

如果能稍微放下事事要求完美的心，

並且不輕言放棄，

自然就能更上一層樓。

比起「做得很好」，
「真的做到」才更重要。

累積小小的成就

○

莎莉定律*是個滿特別的法則，

對我而言，

像是不小心弄丟的東西，最後都能順利找到，

包括每個人都可能會弄丟的雨傘、

忘在公廁的手機、

放在搖滾音樂節觀眾座位上的錢包，

以及存有重要資料的 USB……等貴重物品，

都能在遺失後一一順利找回來──

讓我不禁有點好奇，

自己是不是把人生 90% 以上的運氣，都花在找回失物了？

最近，在餐廳弄丟錢包時，

我也不太緊張，

最後錢包果然就原封不動地待在我忘記帶走它的地方呢！

---

* Sally's Law，意指人只往對自己有利的方向思考，是墨菲定律 Murphy's Law 的
  相對概念。

儘管有句箴言說：

「不要用經歷過的幾件事，錯誤地概括自己的人生。」

但我們卻很容易陷入由經驗累積的數據資料，

並且放大解釋；

因為比起單純的想像，

實際看過、聽過、感覺過等親身感受的記憶，

絕對更深刻地銘記在腦海。

同理，就算我們在腦海中無限重溫

「自己光是存在都值得被愛」這件事，

卻從來沒有實際形塑過正面的自我意象，

藉此提升的自尊終究有限。

因此，與其吶喊「愛自己」數百次，

一、二次實際的經驗，

對於提升自尊感或自信，其實更有顯著的幫助。

人們經常掛在嘴邊的「小確幸」奧妙也正是如此，

無論是多麼渺小的快樂，

只要是一再累積實際經歷過的幸福感，

這些回憶非但會成為生活的一大助力，

也終將化作實現更高層次幸福的踏板。

在那些對自己的信念感到動搖的日子，

便需要達成一些成就。

哪怕是再怎麼細微的成就都無妨，

就算只是打掃一下房間、

完成之前拖著沒做的小事，都足以讓我們獲得自信；

如果累積諸如此類的經驗，能讓你更愛今天的自己一些，

自然就能完成更上一層樓的挑戰。

告訴自己
「有點害怕也沒關係」

○

媽媽很擅長料理，尤其是韓食，

有一天，我嘗試為她做些簡單的烤蔬菜，

坦白說，與其說是料理，

其實也不過是難登大雅之堂的調味而已。

將花椰菜、杏鮑菇、番茄等食材切好，

適量撒些橄欖油和香料鹽，

最後放入氣炸鍋，以一百八十度烤五分鐘即可。

後來，因為媽媽吃了幾次烤蔬菜都吃得津津有味，

竟然害羞地要求準備出門上班的我：

「多做一點，我下午可以再吃。」

我覺得熱騰騰比較好吃、想直接教她方法時，

媽媽卻說，自己沒有信心

能完成這些模樣看起來像洋食的陌生料理。

雖然在我看來，這道菜比多數的韓食都簡單多了，

但數十年來，總能輕而易舉完成加倍複雜韓食的媽媽，

竟對區區烤蔬菜卻步了？

這是我第一次見到媽媽對「家事」顯露沒有自信的模樣，

著實讓我感到相當陌生。

無論對某件事多麼熟練的人，

挑戰全新的事物都覺得無比艱難——

原來，每個人都會對第一次感到恐懼。

你我都是第一次活在今天，第一次度過今年，

第一次的，這輩子。

儘管到了八十歲，依然得活在「全新的今天」。

所以，偶爾也可以犯錯。

可以做得不好，也可以害怕。

都可以。

☆

找出你最恐懼之事。

那一刻，才真正開始成長。

——卡爾‧榮格（Carl Gustav Jung）

因為是第一次活的人生，
所以笨手笨腳也沒關係。

練習保持中立的發言

○

我從小就覺得自己的性格比較敏感，

每次只要遇到需要自我介紹的場合，我都沒有自信。

因為「敏感」一詞，

散發著不知該如何形容的負面感覺。

當接受諮商時，

得知可改用「細膩」之類的中立詞彙代替「敏感」後，

我從此掙脫了被受限語意禁錮的束縛。

人類的大腦無法同時處理超過某個限度的資訊，

所以往往會偏好選擇依賴既有的觀念；

一旦不夠謹慎，

我們就會輕易地被日常使用的語言，

困在先入為主的偏見之中。

即使明明知道這樣的偏見

不是百分之百的事實，

卻依然會深受這些言語影響，

甚至隨著他人賦予自己的偏見起舞；

言語帶給我們的影響，就是如此地強大。

只是，在成為話者的同時，

我也是二十四小時都聽著自己說話的聽者。

假如有人慣性說出無禮的話，

大家理所當然會想和這樣的人保持距離。

然而，如果我自己就是那樣的人呢？

再怎麼樣也無法與自己保持距離。

恰如我們在對他人說話前，

會先思考這些話聽起來感覺如何，

在說著只有自己才能聽見的自言自語時，

也同樣必須對自己抱持同理心。

雖然改變熟悉的說話習慣並非易事，

但只要在開口前，先調整一下呼吸，

練習給自己一些思考的空間，

其實就能產生很大的幫助。

此外，最好也避免加入悲觀判斷的說話方式。

例如，比起「今天運氣有夠衰」、

「這件事真的爛透了」的表達方式，

不如試著練習使用中立的說話方法，

改以客觀敘述情況的「今天發生的事確實是不簡單」。

話語改變思維，思維則改變面對自己人生的態度。

當我越是頻繁使用積極、正面且中立的說話方式，

對待人生的態度，也會開始變得積極正面，

自然就能更常感受到積極正面的情緒。

我們說出口的話，
正是對自己的預言。
—《活出美好》，約爾‧歐斯丁（Joel Osteen）

坦然接受
「有些事就是行不通」

○

在寒冷的澳洲冬夜,

生活在沙漠地區的沙漠袋貂

(Dunnart,長相、體型與老鼠類似的有袋類動物),

便會採取一項獨特的生存策略——

為了不在睡眠期間消耗卡路里,

牠們會將體溫降至攝氏二十度左右,

以減少代謝率,進入冬眠型態。

沙漠袋貂使用這種比「不做任何事」更為極端的方法,

儲存需要的能量。

假如,沙漠袋貂秉持的是不願為寒冬屈服的意志,

反而選擇消耗身體熱量、加速卡路里流失,

結果又會是什麼呢?

我們時常聽聞關於偉人們是如何以不屈不撓的挑戰精神

面對逆境、戰勝困局的佳話,

在多數的情況下，

若能保持樂觀的態度挑戰到最後，

那麼成功機率也會隨之提升；

然而人生在世，

過分的樂觀主義可能也會變成一種錯誤。

當面對經現實角度判斷、根本不可能完成的境況時，

冷靜洞察局勢後，

以不悲觀的態度坦然接受現實，或許也是種必要的能力。

有些人認為，

這種態度不過是在合理化自己的懦弱。

不可諱言，多數的苦難都能使人成長，

但有時，當這些苦難留下來的創傷與自卑感，

內化成為自己的一部分後，

反而更是讓人崩潰的致命一擊。

過度妖魔化「放棄」的社會氛圍，

導致人們老是錯過適當的結束時機，

因而死命糾纏、直到筋疲力竭；

最後也有人索性選擇了放棄生命，

形成令人遺憾的故事結局。

從經濟起飛以來，

社會便太過強調「天下沒有做不到的事」、

超現實地積極進取，

或許正是造成多數人身心俱疲的根源吧？

因為，世上確實存在著做不到的事啊！

從容接受「有些事，就算再怎麼努力也不過是徒勞無功」，

並堅定地迎接明天的生活，

同樣也需要如同面對無止境挑戰般的勇氣。

對於懂得何時該結束的人來說，

他們始終秉持著

「人生總有另一道門會為自己敞開」的信念。

別在一棵爬不上去的樹木
底下虛度人生，
世界很大，樹木很多。

Chapter 5

只要你
幸福就好

成為自己的朋友吧。
如此一來，其他人也會效仿的。
——英國神職人員兼作家，托馬斯·富勒(Thomas Fuller)

難受時，
不要總是自己苦撐

○

幾年前，我曾因憂鬱症度過了一段煎熬的時期，

沒有宗教信仰的我，

忽然覺得有宗教信仰的人特有的平和感很美好，

於是下定決心要成為教徒。

我花了數個月的時間，

依序參加基督教、天主教、佛教的活動，

卻一下適應不了教會的方言禱告，

一下在天主堂覺得膝蓋很痛

（進行彌撒時，其中有段過程需要重複起立、坐下），

一下又被寺廟誦經的高難度背誦能力擊潰。

再加上，不知道是不是因為一直以來

我都篤信「自信教」，

所以導致「現在才打算開始接受新信仰」一事，

變得沒那麼簡單；

偶爾，甚至也有點羨慕那些打從娘胎就擁有信仰的人。

歷經多災多難的尋找信仰之旅後，

重新回歸無宗教信仰的我，

轉而前往住家附近的諮商中心尋找心靈慰藉。

仔細想想，那段漂泊在各種宗教的日子，

或許是因為我不斷試著在錯誤的地方找答案，

才會只著重在「宗教的有無」或「信仰何種宗教」。

回顧過往，那些為了讓人生變得更好，

而抱持死命抓緊任何一根救命稻草的心情，

敲遍了每一道門、

嘗試著先伸出手的每一段過程⋯⋯

其實，這一切的嘗試與經歷本身，

正是助我擺脫憂鬱的力量。

因為這些經歷，

使我明白「該為了自己成為一個懂得求助的人」，

直至意識到難受時也不必自己苦撐，

勇氣才油然而生。

不要太過執著於想自己一個人解決人生的所有苦難。

只要我們樂意接受他人的援手，

無論你是否信仰任何宗教，

整個世界都會與你同在。

比任何人都更先相信自己。

偶爾放鬆一下，
一笑而過就好

○

經由朋友的推薦，我開始收看YouTube頻道《大愛山岳會》。

內容描繪一群熱愛登山的大叔們的搞笑日常。

影片中實在有太多有趣的留言，

就在我邊看邊哈哈大笑之際，

突然有篇留言吸引了我的目光。

那段內容，是藝人扮演五十多歲男性角色「李泰昭」，

使用山泉水洗臉的畫面；

留言者表示，那一幕與自己過世父親的神態真的好像，

自己也因此流下了眼淚。

本來明明是搞笑藝人們為了逗大家開心的劇情，

沒想到觀眾竟默默將自己認識的中年男子們逐一代入角色，

然後在共鳴之中又哭又笑。

我格外喜歡「李泰昭」這個角色，

他老是在眾人面前講一些冷笑話的模樣，

好像我的爸爸。

他講笑話的重點在於，

自己顧著講自己的，然後講完自己第一個先笑出來，

這點也和我爸爸很像。

李泰昭是山岳會成員中經濟狀況最差的角色，

同時也與所謂喝過點「洋墨水」的朋友「裴社長」

形成強烈的對比。

李泰昭不只擁有的不多，懂的也不多，

所以他經常在與朋友的對話間講些無聊笑話，

努力炒熱氣氛。

我以前不明白爸爸為什麼一天到晚都要講那些笑話，

但自從看過影片後，

似乎稍微懂了何謂

「唯有依靠冷笑話才有辦法一笑而過」的人生重擔。

隨著年紀漸長，

我才發現自己偶爾也會想用笑話的方式，

笑一笑帶過嚴肅的問題，

像是在職場面對位高權重者卻無力反抗時、

不得不接受部分的父權文化時。

稚氣未脫的二十多歲，

也曾打從心底抗拒那些默默馴服在不合理體制之下的人；

然而，邁入三十歲後的此刻，

我似乎也漸漸開始理解了。

因為，有時同樣會覺得世道艱難的我，

難免也偶爾想邁步於那些舒服的捷徑。

在心理學中，

有個名為「可愛侵略性」（Cute Aggression）的現象。

根據研究，當人感受到過度的正面情緒時，

大腦會為了防止過度專注於強烈的正面情緒，

而藉由人為的方式激發負面情緒，

以維持情緒均衡的防禦機制；

因此，當我們見到可愛的動物或孩子時，

便會萌生想要捏捏咬咬的攻擊心理。

如果人類心理的運作原理，

是連正面情緒也會在過量時失控，

那麼負面情緒又該怎麼辦呢？

當人生真的太煎熬時，哪怕是強迫自己，

也要笑一笑才能找回心理平衡。

據說，從前被關押在集中營的猶太人，

也會為了想笑一笑來忘卻一天的痛苦，

而在工地一隅進行簡單的表演活動，

時而歌唱，時而嘲諷，

進行類似街頭劇形式的表演。

納粹大屠殺倖存者、心理學家

維克多‧法蘭可（Viktor E. Frankl）曾說：

「幽默感是為求自保的精神武器。」

美國在建國初期也曾發生類似的情景。

當時的奴隸們為了克服慘絕人寰的苦痛，

只要一到夜晚，大家就會聚在一起唱歌、跳舞，

各自分享些滑稽的故事，然後一起笑一笑。

或許正是這個原因，

研究結果顯示，

缺乏這種文化的白人階級，

自殺率比當時的奴隸更高。

像這樣懂得如何笑的人，

無論置身於何等苦難中，

都能戰勝一切、重新振作。

面對人生經歷的無數苦難，
接受其實比抵抗來得輕鬆。
冥想與慈悲禪專家蕭娜‧沙皮洛
也曾在其著作《正念》提及關於「接受」的內容：

接受不是被動的絕望，
更不是認同或不在意、失敗；
接受，就只是接受當下發生的事，
不是因為自己喜不喜歡這件事、這件事與自己相不相關，
也不是索性放棄一切，
而是因為這件事已經發生了。
（中略）
唯有原原本本地接受事實，
我們才能重新掌握主導權。

是啊，當現實太過難熬時，
偶爾也需要懂得稍微放鬆、一笑而過的訣竅。

在那些難受的日子，

我會看著《大愛山岳會》影片裡的大叔們，捧腹大笑；

從今以後，

我不想再忽略爸爸的冷笑話，

而是想陪他一起笑。

有時，

光是看著對方的開心面容，

都足以令人會心一笑。

為了度過身心俱疲的一天的彼此，一起分享笑容吧！

接受不是絕望，
而是敞開可能性之門。
—— 法蘭克‧奧斯塔薩斯基（Frank Ostaseski）

有時，
送自己一份好的經驗

○

超級富翁比爾‧蓋茲（Bill Gates）在一場晚宴中提到，
自己絕對不允許孩子使用智慧型手機。
這當然是大家都期望的理想情況，
但對必須兼顧工作與家庭的一般家庭而言，
徹底控制孩子們對手機的依賴，
無異於癡人說夢。
於是，多數孩子在批判意識仍顯不足的年紀，
毫無選擇地接受數位內容（digital content）。
漸漸地，
他們被區分成投入時間在尋求更具刺激性、
消耗性內容的一群，
以及淋漓盡致地善用數位資訊乃至獲取教育、
經濟利益的一群。
M 型社會不只發生在現實生活，
甚至連在數位世界裡，

孩子都必須經歷文化兩極化的成長過程。

如果說手機是七、八年級父母教養方式的必要之惡，
那麼對再往前一個世代來說，
所謂的「不打不成器」亦是必要之惡。
因為恐懼、被迫、不想挨打，
而拚死拚活死記了十幾年的那些內容，
等到長大成人之後的此時此刻，
大多已完全遺忘，也似乎找不到任何活用之處。
難道非得用這種方式，記錄童年時光的一切嗎？

假如一個人初次開始學習某件事時不是充滿恐懼或焦慮，
而是基於好奇心、成就、自我效能感之類的環境氛圍，
又該是什麼情況呢？
他面對世界與人生的價值觀、看待自我的視角，
會不會截然不同呢？

父母傳承給下一代的財產，
不只有經濟層面，
同時囊括了肉眼看不見的環境、習慣等「文化財產」。

我們無法選擇父母或成長環境，
但幸好能在有基本經濟能力的時期，
選擇更好的文化經驗。

偶爾，帶自己欣賞一場好看的表演，
招待自己享受一頓未曾品嚐過的料理，
買一本詩集送給自己。
因為，這就是能為未來的自己做的最好投資。

人生，
需要超乎於
僅是吃喝拉撒的經驗。

不要為自己的興趣定價

○

當被廚藝了得的朋友款待屬害的美食時，

或見到手巧的朋友親手製作的工藝品時，

不少人都會以這樣的方式稱讚——

「哇！完全可以拿出去賣吧？

你可以做生意了啦！」

雖然本意是出於讚美，

背後卻隱藏著人們看不慣某種活動不具生產力的心態。

稱讚他人親手製作的東西「可以販售」的原因，

在於人們往往認為當興趣轉換成某種層面的經濟手段時，

才更有意義。

假設基於興趣的飲食與工藝品真的開始販售，

那麼從那一刻起，

興趣就不再只是休閒活動，而是變成副業，

即是從根本變質為潛在的賺錢工具了。

有些人認為興趣是賺錢工具，

有些人則將興趣視為贏得他人肯定的手段。

越是無法肯定自我的人，

越是會為了渴求他人的肯定，

而拚了命地將自己從事休閒活動的帥氣模樣

一一展示在社群網站。

當自我充電的時光變成一種手段，

原本自主自律、放鬆休閒的活動，也會因而產生義務感，

反而讓人倍感壓力。

支撐你我熬過每一天的，

正是那些有點沒用的時光。

唯有偶爾做做「純粹為了興趣」的無生產力活動，

人生才有樂趣，

因此，不必過度執著於人生的 CP 值。

買東西時懂得精打細算 CP 值固然是好事，

但一旦開始為經驗值定價，

人生之中得以單純享受的部分，也會逐漸消失。

認為「既然如此，倒不如做些有生產力的興趣」，

根本不肯為無用之事投入些許時間的人，

其人生根本就只充滿了無止境的勞動。

講得難聽點，

其實就是自願為奴。

真心愛自己，不需要什麼多了不起的東西。

僅是送給自己一些時間，

去做做毫無目的卻由衷渴望的事。

我的興趣是非賣品。

分享簡單的親切與笑容

○

這是幾年前，

前往南法一處名為聖保羅山城旅行時發生的事。

作為著名觀光勝地的聖保羅，

處處可見來自世界各地的觀光客，

而我也在那個地方經歷了令人印象深刻的親切。

當時我獨自遊覽山城，打算進去座落於巷弄間的公廁時，

才發現每間廁格都必須先投入五角銅板才有辦法開門。

由於沒有事先準備銅板，

身上只有紙鈔的我開始有點焦躁。

就在我慌張地翻找著包包之際，

先一步用完廁所準備離開的外籍阿姨，

邊對著我露出燦爛的微笑，邊抓著開啟的門，

示意我直接進去。

儘管除了「Thank you.」以外，

當下也不知能再多說些什麼，

但我們卻對彼此內心的想法再清楚不過了。

於是，當我離開廁所時，

也延續了阿姨對我的善意，

邊抓著廁所的門，邊對下一個人微笑。

不同種族、國籍的陌生人們在刻不容緩的境況下，

相互無條件地接力付出「好意」，

讓每個人都能順利地使用廁所。

那天，除了廁所門之外，

我也在旅遊景點的各處

遇見許多體貼後方來者而抓著門等待的人們。

讓我明白了「只要有一、二個人願意釋出善意，

就會形成感染他人的文化」。

回國後，

我也希望能將自己曾經接受過的美好情意，

持續延伸到這塊土地。

因此，當我實際外出時，

也開始會為了後方的他人稍微抓一下門。

如果對方因此對我展露充滿感激的笑容，

我也會跟著露出微笑，

那一天的心情自然會變得更好。

聽說像這樣笑一次的幸福感，

是得吃下兩千顆巧克力才有辦法獲得相同程度。

這是多麼難能可貴的事啊！

《幸福會傳染》（*Connected : The Surprising Power of Social*

Networks and How They Shape Our Lives，暫譯）

的作者詹姆斯·H·佛勒（James H. Fowler）教授曾說：

「如果有一個幸福的人，

那麼他的朋友變幸福的機率會增加 15%，

他朋友的朋友變幸福的機率會增加 10%，

而他朋友的朋友的朋友變幸福的機率也會增加 5%。」

幸福與親切皆會傳染。

因此，今天為他人付出的渺小親切，

其實也就等同於在儲蓄讓自己將來變得更幸福的機率。

社會心理學家埃里希·佛洛姆（Erich Fromm）

說過這麼一段話：

「懂得愛自己的人，

自然就能愛與自己同為人的他人，

進而愛所有的人類。」

換個角度來說，

若無法愛他人，也同樣無法愛自己。

人們對他人的期望其實不多。

光是偶爾分享些許微不足道的親切與笑容，

都足以拯救彼此。

☆

幸福的人往往無法刻薄待人；

因為，這是在他們能力之外的事。

不幸的人往往無法溫柔待己，

因為，這是在他們能力之外的事。

——《鼓吹虛假幸福的社會》，金泰亨

唯有懂得溫暖待人的人，
才懂得溫暖對待自己。

分辨應該接受的忠告與
應該忽略的責備

○

人心，

需要十句稱讚才能營造好心情，

但只要一句不經意的批評就足以摧毀一切。

大家明明很清楚這件事，

卻依然有人選擇使用網路霸凌傷害他人。

置身於光靠努力很難獲得財富、成功機會的時代，

年輕世代越來越難以將焦慮不安的情緒

轉化成發展與改變的動力，

而是傾向將扭曲的憤怒，

轉嫁在弱勢與少數族群身上；

當無法以正面方式突顯自己時，

便會誤認「暴力」是確認存在感的最簡單方法。

這群人的內心

往往缺乏了來自他人的認同與無私的愛。

於是，基於對自己的存在可能消失的過度恐懼，

才無法意識自己究竟對他人造成了何種傷害、

闖下什麼犯罪行為。

對自己有信心的人，

不會藉由貶低別人來確認自己的存在；

相反的，自尊感越低的人，

越容易為了確認自己的優越，

而對處於劣勢的人做出攻擊行為。

越是感覺自己的人生停滯不前、失控時，

攻擊性也會變得激進，

更尋求向外宣洩。

若不想將自己的挫折感歸咎於他人，

當務之急，即是找回自己人生的主導權。

以自己獨有的答案做為衡量標準，

並藉以分辨應該接受的忠告，

以及應該忽略的責備。

而後從容地向那些需要幫助的人伸出手，

與他們攜手前行，

讓未來的世界變得更加美好。

尋找專屬於自己的答案，
而非他人的答案。

為彼此
留一點心靈的空隙

○

小時候，

總覺得可以在超市以彼此提籃裡的蔬菜開啟話題、

親密交談的大人們非常神奇。

長大後的我，

別說是與陌生人對話了，

就連推銷商品的店員，

都讓我感到相當不自在，

索性用耳機牢牢塞緊耳朵，想盡辦法閃避他們的視線。

後來，直到我在超市拿起非本地產豆腐的那天，

一位員工阿姨以光速瞄了我的豆腐一眼，

便飛速地將它換成國產豆腐、放進我的提籃內，

我才開始對陌生的善意稍微敞開心扉。

當原本很擔心自己會不會被推銷洗腦、變成冤大頭的我，

悄悄打開畏懼的心後，

處處遇見善意的日子也變多了。

當我們的自我變得脆弱時，也就是自尊感低落時，

經常會對他人採取不信任與警戒的姿態。

一旦在關係中面臨矛盾或攻擊時，

也會因為缺乏保護自己的信心，

在一開始便豎起高牆，繃緊神經。

若想修復如此低落的自尊感，

想必就得用那句大家常說的「愛自己」。

然而，真的只要愛自己就夠了嗎？

假如只顧著愛自己卻看不見其他人，

難道這樣真的能變得幸福嗎？

無數關於「幸福」研究的共通結論是——

幸福最重要的關鍵，在於關係與共同體。

以喬治・華倫特（George E. Vaillant）教授為首，

針對「何謂人類的幸福人生」

耗費長達七十二年時間進行追蹤研究的哈佛大學研究團隊，

最後做出了「人生最重要的是人際關係，

而幸福終究取決於愛」的結論。*

---

* 《哈佛教你幸福一輩子》，喬治・華倫特（George E. Vaillant），許恬寧譯，天下文化，2018

心理學家艾密・薇爾娜（Emmy Werner）同樣認為，
關係帶來的力量會對心理韌性產生影響 。**

只是，現代因勞動時間過量引起的疲勞感，
開始逐漸對親密關係造成影響，
甚至變得艱難。
為了工作、求職、學業耗費心神一整天後，
回到家時往往已失去電力；
本來應該傾注在寶貴關係的能量，
卻早已在外面耗竭殆盡。
人與人的親密關係，如此積累了許多矛盾，
最終化作銳利的箭矢，
再次對社會整體造成影響，
對彼此不信任的人也隨之增加。

結束這種惡性循環的方法，
終究在於與他人的連結。
你我身邊，都存在著早已深知這種意義之人，

＊＊《鼓吹虛假幸福的社會》，金泰亨

那就是當發生重大災難時，

第一時間挺身援助陌生人的那些人。

我們都曾在過去的泰安漏油*事件、

江原道森林大火**、暴雨……等

向受害災民伸出的援手之中，

見證過人類藉由彼此緊密連結，形成奇蹟似的力量。

最重要的是，

雖然帶來了痛苦，

但撫慰一切痛苦的，

終究不也是「人」嗎？

我們可以選擇緊閉傷痕累累的心，

亦可以選擇對他人的善意敞開心扉

並分享真心誠意的溫暖。

選擇哪一項的決定權，在你，

---

* 2007 年 12 月 7 日，香港籍油輪河北精神號遭三星重工所屬南韓籍船撞擊，導致 270 萬加崙原油外漏，為韓國史上最嚴重的漏油事件。當時約有 120 萬名來自不同社會背景的志工，前來支援清潔海岸，長達數月之久。

** 2019 年 4 月 4 日，韓國江原道發生森林火災，超過 4000 人疏散避難、300 棟住宅被燒毀，火勢延燒達 385 公頃，為國家級災難；當時有 13000 多名消防員，從韓國其他區域調派至當地進行支援。

重新回到超市的故事。

最近我經常會先向初次見面的阿姨搭話，

逐漸成為了願意開口詢問「哪種水果比較新鮮？」、

「價格合理嗎？」的大人。

我將這件事告訴媽媽後，

她說自己也因為想起了我，

而在遇見與我年齡相仿的年輕人看起來需要幫助時，

向他們伸出援手。

自從聽完她說這件事後，

讓我更願意對路上遇見的中年陌生人敞開心扉了；

我甚至擅自將那些在採買時遇見的陌生人們

取名為「超市媽媽」。

近來，我獨自前往採買時也遇見了許多人，

就這樣，我們各自坦露自己心靈提籃的空隙。

成為了彼此的「超市媽媽」。

人生最大的幸福

就是相信自己被愛著。

—— 維克多・雨果（Victor Marie Hugo）

無論關係多親近，
還是必須捍衛界線

○

逢年過節就開始嘮叨的遠房親戚、
職場上挖人隱私的上司，
以及鉅細靡遺地報導藝人配偶年紀、職業、年薪、
家庭背景、過去經歷的娛樂記者……

我認為，這些都是相當具代表性的「韓國式多管閒事」。
相較於此，在電影或電視劇中常見的「美國式多管閒事」
則是這種場景——

陪伴受傷的孩子、
幫助遭受父母暴力對待的孩子
通報兒少保護單位……等，
大大方方地介入他人家事的人們。

相比於明明是侵犯隱私、但眾人卻毫不在意的刺探，

我忍不住反覆思考，

假如上述的場景發生在韓國，

應該有不少人會選擇以「別人家的事」為由，

忽視一切吧？

在真正需要多管閒事的地方，

我們的社會卻反而沉默不語。

相較於西方國家，

韓國是家庭暴力犯罪——

特別是親屬殺人案件尤多的國家之一。

如果要用一句話突顯這些情況的奇特之處，

勢必就是時不時會在新聞出現的「結伴自殺」*

這個詭異詞彙。

在親屬殺人案加上「結伴」這個詞彙的原因，

在於這個地方存在著「家人不僅是命運共同體，

實際上更是生命共同體」的文化。

簡單來說，即是家庭成員間的關係過於糾結了。

＊指稱自殺者不只一人的集體式自殺；多以家庭為單位的情況為主。此外，也用作
　描述殺害親屬後再行自殺的情況。

你我身邊不乏以「家人」為名強迫、犧牲，

將彼此推向不幸、內心積怨，

表面上卻看起來和樂融融的「櫥窗家庭」。

像是打著「年幼子女是像朋友一樣的存在」的美名，

將夫妻關係等大人的問題一股腦地向孩子宣洩，

或是以「爸爸不在時，身為兒子的你就是一家之主」

之類的話語賦予過度的壓力……

乍聽之下，親子間好像是毫無隔閡的關係，

實際上卻顯露出既暴力又不負責任的態度。

即使家人是共同承擔義務與責任的關係，

卻必須審慎思考，這種程度是否依賴過度了。

基本上，家人也是他人。

無論是父母或子女，

誰都無法替他人解決該靠自己消化的情緒課題。

唯有獨立處理好自己的情緒，

形成正面的紐帶與責任，才能組成健康的家庭。

我們都該記住「正因是家人才更該互相體諒」，

而不是「家人之間連這點事都不明白嗎？」

唯有尊重彼此間的界線
才能建立健康的關係，
而不是犧牲與強迫。

我認為，最應該溫柔對待的就是家人。
我會使用比對待任何人、甚至比對待長官領袖
都要溫柔的方式，對待孩子與妻子。
——電影導演張恒準，《美麗佳人》雜誌

不要太執著「give and take」

○

在情境喜劇《宅男行不行》（*The Big bang Theory*）中，
有個共感能力偏低、
具有強迫症傾向的角色謝爾頓（Sheldon）；
他有一個特別之處，就是非常討厭禮物。
由於謝爾頓是必須等值交換才能安心的人，
因此當他接受或交換禮物時，
只要發現彼此的價格、價值不是準確一致，
內心就會開始對此感到不自在。
於是，他用一場演講滑稽地形容這件事──
就算真的能使用與收到禮物等值的東西回禮，
但最終演變成數字遊戲後，
便失去「禮物」的意義了。

正如有些人因他人受到傷害或損害時
必須如數奉還才能洩憤般，
也有些人在接受他人的好意或體貼時，

會因為無法給予同等回報而過意不去。

假如不是像謝爾頓一樣有強迫症的話，

就得好好思量，為他人付出內心才能舒坦些的因由，

究竟是真的基於利他心態，

抑或是源自

「必須給別人東西，別人才會喜歡我」的不安。

這種心態，

源於「唯有在對他人產生影響力時

才能確認自己存在價值」的信念。

成熟的大人，

懂得坦然接受自己付出的心意

可能無法與他人的回應成正比。

如果必須透過付出的行為，

換取所有人對自己的喜歡，

內心才能因此得到平靜的話，

或許，這只是在累積虛假的自尊感罷了。

每個人都想獲得他人的肯定，

又或者說，想獲得他人的愛，

無論是三歲的孩子或八十歲的老人都是如此；

渴望「獲得」的欲望本身，一點也不羞恥。

偶爾從容地接受他人的好意與協助，
然後發自內心、由衷地感激便已足夠。
因此，請好好傾聽自己內心深處的聲音，
誠實地面對自己真正的想法與渴望。

好意與分享，
就算不是同等的一比一也沒關係；
恰如「在鐘路挨耳光，卻到漢江才瞪眼」的韓國俗諺般，
只要反向思考，其實利他行為同樣是一種循環，
在鐘路接受的幫助，等到了漢江再回饋也不錯啊。
讓我們從現在開始，
好好地接受任何人向自己伸出的溫暖援手吧！

被愛過的人，更懂得付出。

Chapter 6

明天
會更閃光耀

幸福猶如握著一隻幼雛般。

輕輕地、柔柔地。

唯有當真正感覺自由了，小鳥才願意留在手中。

——德國劇作家，黑貝爾(Christian Friedrich Hebbel)

為心靈加一匙積極正面

○

有些事，就是知易行難；

像是「早上不要一睜開眼就看手機」、

「不要吃完飯就立刻躺著」、

「不要老是想『再睡五分鐘』」……

明明清楚哪個選項對自己比較有利，

但腦袋與身體總是分開運作，實在令人鬱悶。

過去因無法按照目標行動

而殘留下來的負面情緒，

隨著時間流逝，開始在無意識中扎根。

於是，就算有時想嘗試新挑戰，

內心也會響起這個聲音——

「之前做過啦，不是完全行不通嗎？

這次一定也沒辦法啦！」

一旦這個聲音不停在內心重播，

我們漸漸就會喪失嘗試些什麼的動力。

因為，當我們的大腦對某件事下指令時，

只要內心在過程之中出現抗拒的反應，

就會很難付諸行動。

這種時候，

我們便需要一些正面的故事。

相較於過度客觀看待所處的境況，

加一匙積極正面的視角，

更有助於撼動心靈。

其實，

我們早已在日常反覆使用這個祕訣——

那就是不想面對令人不適的真相，

轉而選擇「自我合理」的時候。

自我合理本身雖然也有負面的部分，

但只要能善用在正面的方向，

便有助於將想嘗試的事轉化為實際行動；

「只是因為之前嘗試的時候狀況不好而已。
誰也不知道再試一次行不行吧？」

畏懼挑戰時，
試著使用像這樣積極正面的自我合理化。
自然就能放下一直以來禁錮自己的重擔。

人類的欲望無限，
且老是重蹈覆轍。

記住，
永遠不可能滿足所有人

○

有個玩笑說，

上班族的兩大妄談是：

「我要下班了」和「我要去當 YouTuber」。

自嘲無論是下班或經營 YouTube 頻道

都沒有想像中簡單的諷刺說法，

引起許多人共鳴。

身為同樣拿過這種妄談說嘴的人，

我也曾抱持著「不如來當兼職 YouTuber」的心態

傲慢地嘗試過這件事，

但現在已經恭敬地打消這個念頭了。

在經營 YouTube 頻道的過程中，

讓我覺得最艱難的部分，竟然是「不喜歡」的按鍵。

如果有人留負評，我還可以在下方回應解釋，

甚至直接把它刪除，

但我卻沒有任何方法可以應對「不喜歡」鍵。

明明不是 YouTuber，

卻依然得面對與「不喜歡」鍵類似的事。

即是不少公司都以「人事考核」為名，

向每位員工烙上印記一事。

表面上看似是賦予上司與下屬平等的相互評價權利，

但實際上，無法確實保障當事人匿名的情形卻層出不窮，

最後還是免不了演變成只由上對下的單向評價。

在這種境況，

真的還能達到原本的目的，

藉以提升每個人具備的能力嗎？

社會之所以要評價與規範人們，

在於這樣才能迅速預測未來並決定企業方向。

即使是不講理的人事考核，

假如員工都能被分配在足以發揮能力的位置上，

並由公司協助他們適應，

就能消除烙印。

儘管如此，只要想到人們在這段過程

會留下什麼創傷，

就很難將其視作一個好方法。

據說，當我們經歷不愉快的經驗時，

劇烈湧竄的負面情緒會像火燒一樣，

在大腦留下痛苦的痕跡。*

腦科學博士愛德華・哈洛威爾（Edward M. Hallowell）

將這種現象稱為「腦部灼傷」（brain burn）。

哪怕是自尊感再怎麼高的人，

若是持續發生激起負面情緒的事件，

這些情緒最終都會深深印刻在腦海。

重新回到前述的公司故事。

就算在業績評價獲得低分，

若分數僅限於工作能力倒也無妨；

但是，因此將分數延伸至衡量一個人的價值時，

可就是問題了。

* 《無禮的代價》（*Mastering Civility*，暫譯），克莉絲汀・波拉斯（Christine Porath）著

再加上，假如受到錯誤評價時卻沒有任何應對方式，

無論怎麼調整心態，自尊也難免受創。

絕對不是因為懦弱才無法克服職場的不當待遇，

在連「反抗不當行為的權利」都被阻斷的情況下，

感到挫折也是人之常情。

心理安全感（Psychological Safety）這個概念，

是管理學的關注議題之一。

唯有具備「無論犯錯或失敗」都不會遭人責難的安全感，

才能激發一個人發揮更偉大的創意與動力。

希望你我置身於在他人因失敗而挫折時，

願意包容，並藉此作為全新學習機會的社會。

無論盡力做得多好，

勢必都有人感到不滿。

但我們千萬不要忘記，

他人的負面評價與自己付出的努力，

是截然不同的兩個問題——

無論你處於何種境況，都擁有可以挫折的權利。

永遠記住一點 ——

就算做得再好也不可能滿足

所有人。

成為容易因讚美而動搖的人

○

人生在世，時不時就會為了他人的隻字片語而動搖，

哪怕是一年只見一、二次的親戚隨口嘮叨，

或是同事無心脫口而出的多管閒事、

某人在社群網站的留言……

都足以讓我的一天搖搖欲墜。

相較於好聽話，

多數人對負面話語表現得更為敏感，

事實上，此處存在一個與演化相關的原因。

由於人類的祖先們時刻都處在生命遭受威脅的環境，

所以唯有迅速意識到危急，

才有可能順利存活。

於是，人類的大腦自然演化成

對負面刺激更能盡速做出反應 。

因此，生活在今時今日的你我的大腦，

同樣會在承受壓力或批評時，

將其認知為威脅，而表現出更加敏感的反應。
負面話語比正面言詞更容易影響我們的心理，
其實是再自然不過的事。
換個角度思考，
這表示我們需要更多不自然、刻意的努力，
才有辦法吸收更多正面的話語。

一直以來，總是為了某人的一句負面話語
而輕易動搖，
代表著我們同時也忽略了許多讚美。
從現在起，我決定反其道而行，
哪怕是多麼微不足道的一句稱讚，
我也要活得像加油站前的充氣人偶一樣，
興奮地揮動雙臂，手舞足蹈；
我決定，成為一個容易因讚美而動搖的人。

比起「初心」，
更該帶著「明天會更好的心」過日子

○

從小視力就不好的我，一直以來都戴著眼鏡。
本來以為做完雷射手術就能與眼鏡分道揚鑣，
沒想到視力從幾年前又開始變差，
只好重新戴上眼鏡。
就在我為此悶悶不樂的某天，
和跟我差不多時間進行手術、
視力也一樣再次變差的朋友聊天時，
想法突然有了很大的轉變。

當我一問完「視力又變差了，你不覺得很難過嗎？
怎麼可能不戴眼鏡生活啦？」
對方卻豪爽地大笑回答：
「就……不要看東西就好啊，哈哈哈！」

朋友的態度出於完全的自主性，

這句話不是因為被動地看不見而絕望，

而是他自主選擇了「看不見」，

他似乎已坦然接受了產生變化的情況。

我想，正如他所言，這個世界看起來有些朦朧，其實也不差。

大多數人都不太喜歡變化，

尤其以東方人為例，

「初心」這個詞，即最能突顯大家有多麼喜歡「不變」。

我們經常喜歡以「勿忘初心」作為下定決心的口號。

只是，在英語文化圈

似乎找不到可以用來直譯「初心」的單字。

因此，如果想要翻譯這個詞彙，

只要直接使用韓文拼音「Choshim」就好。

（翻譯機則說是「A beginner's mind / Original intention」）

然而，我們所處的文化圈

好像格外容易責備自己失去初心，

甚至戰戰兢兢地認為這是種罪惡。

昨日的我與今日的我不同，今日的我與明日的我不同，

這明明是再自然不過的事；

正因不同，我們也才能更上一層樓。

假如，會因為想起自己做過什麼不太好的事

而覺得懊悔萬分，代表我們已改變、成長了。

無論喜歡或討厭任何變化，

這一切都是自然而然地發生，

而我們也只要抱持著接受的心態便已足夠。

因此，讓我們一起接受無可奈何的變化，

一切順其自然吧！

勿忘初心當然很好，但對你我來說，

還有比初心來得更加重要的，

明天的心、後天的心。

☆

能夠生存下來的物種，並不是那些最強壯的，

也不是那些最聰明的，

而是那些對變化快速做出反應的物種。

——查爾斯‧達爾文（Charles Darwin）

對自己
就像對朋友一樣友善

○

小時候，

握力不佳的我老是會弄掉手中的東西，

也很習慣在這種時候聽見

「太～棒了！盡量摔，把全部東西都摔破啊～」

之類的嘲諷回應。

然而，最可怕的是長大成人後，

每當自己犯下一些小錯時，

我似乎也養成了這種喃喃自語的習慣──

「太～棒了！一定要繼續這麼做哦～」

當朋友犯錯時，

應該沒有人會直接當面做出嘲諷、責備等

令對方丟臉的行為。

面對朋友犯的錯，

我們通常都能抱持寬容的態度，

然後詢問對方「有沒有嚇到？」、「有沒有受傷？」，
並且給予安慰。

只是，當自己犯錯時，
卻拿出嚴格的標準，毫不留情地自我批評（Self-criticism，
包括愧疚與無價值感等對自我的苛刻評價）。*
誤以為唯有責罵與懲罰才能鞭策自己進步。
恰如聽見他人的批評會留下傷害般，
自我批評的話語同樣也會讓我們畏縮、痛苦不堪。

德洲大學心理學系的克莉絲汀・娜芙（Kristin Neff）教授
對此提出了「自我疼惜」（Self-compassion）的概念。
意指人在面對困境時，
應該像對待朋友般友善、溫柔，而不是自我批判；
這句話同樣適用於「就算我們真的做錯」時。
當我們擁有自我疼惜的心態，
大腦便會大量分泌促進安全感與親密感的荷爾蒙，
進而舒緩痛苦，提升心情的愉悅度。

＊《名為不安的慰藉》（불안이라는 위안，暫譯），金慧伶著

此外，也有研究結果顯示，

越是懂得友善對待自己的人，

越能將錯誤視為成長的機會。**

儘管人們總是習慣將成功、失敗視為非黑即白，

但在兩者之間，其實還有「成功的失敗」與「失敗的成功」。

就算結果是失敗，

但若能踏出第一步、嘗試並從中學到些什麼的話，

我們依然有所成長。

為此，我們必須時常與自己進行積極正面的對話，

並持續嘗試挑戰。

起初，可能還是會無意識地先跳出自我批判的話語或想法，

那也沒關係，只要稍微花點時間慢慢改變就好。

養成習慣對自己說——

「沒關係」、「只是小事」、「難免會有這種事」吧！

＊＊《正念》，蕭娜・沙皮洛（Shauna L. Shapiro）著

犯錯不是失敗，

所以犯了錯也沒關係。

不過，若是沒有從錯誤裡學到任何事，

甚至因而放棄嘗試的話，

那就是真正的失敗了。

給為了犯錯而感到挫折的自己多一點時間，

並且好好相信自己。

唯有完全對自己賦予信任時，

我們才能茁壯成長。

没關係。

只是小事。　　　　　　　　　　　難免會有這種事。

我們都是從犯錯
開始學習與成長的。

每天都有微小的新發現

○

有些日子，

每當見到千辛萬苦才從城市人行道磚塊間

狹小縫隙長出來的小草，

總能讓我莫名開始反省──

「連小草都這麼努力活著……」

獨自想著這件事，然後不禁噗哧一笑。

比起完全沒有進度的艱澀哲學書籍，

有時反而能像這樣在大自然、日常生活中

遇見真正的人生道理。

有時候，只是與每天瞥見的小草擦身而過；

有時候，只是隨著情緒或心態不同，

都會看見截然不同的景象。

當我們總是被日常纏身時，

便會開始以相同的方式看待周圍，

如此一來，自然就會覺得「活著真無趣」；

想要享受人生，其實也需要一些練習，

最重要的是，

擁有自己看待世界的獨特視角。

如果只是毫無想法地過著日復一日的生活，

那麼人類其實與其他動物沒什麼兩樣。

因為是人，

才得以從每天的生活中，挖掘出屬於自己的新發現。

哪怕是再渺小的改變，

只要能藉由自己獨有的視線而有所體悟，

或許就能更加享受日常吧？

說得誇張點，

我甚至覺得，這也許就是人生的目的與本質──

人生，有時就是需要一些隱喻。

生活方式只有兩種：

一種是相信凡事沒有奇蹟；

另一種則是把所有事都當作奇蹟。

——愛因斯坦（Albert Einstein）

過著懂得區分夢想與職業的生活

○

我們對於「夢想」最大的錯覺，

就是「只要實現夢想就能保證永遠幸福快樂」的幻想。

就算告別了長時間的求職生活、入職喜歡的公司，

上班族們夢想辭職的抱怨依然不絕於耳。

明明已經實現了那麼渴望完成的夢想，

為什麼聽不見從此幸福快樂的美好結局呢？

無論人生實現了曾經多麼渴望的大事，

其幸福感往往無法持續一輩子，

最大的原因在於「適應現象」*。

我們在得到理想的工作後，

成就感與快感只要經過一段時間，

自然就會回到之前的初始值。

$*$ 指感官在同一種刺激作用、經歷一段時間後，對刺激產生反應的靈敏度下降，感
覺變弱的現象。

因此，即使實現了曾經多麼盼望的夢想，

一旦成為每天都得做的事後，

便會開始感到無聊與疲憊。

儘管得到了想要的工作，

卻依然無法幸福快樂一輩子的另一個原因，

在於我們經常混淆了「夢想」與「職業」。

人們心目中的夢想範圍極其有限，

舉例來說，有孩子會說自己的夢想是成為太空人，

卻沒什麼孩子會說自己的夢想是幫助世界和平；

假如孩子長大後無法如願成為太空人，

那麼不管最後從事哪一種職業，

這個孩子終其一生都是「無法實現夢想的人」。

相反的，幫助世界和平的方法卻無窮無盡。

就算孩子一輩子都在從事

與「世界」或「和平」毫不相關的職業，

但他光是為相關機構做些捐獻，

其實也算是實現夢想了。

我們的人生總是太過理所當然地信仰

「實現夢想就會幸福」這句話了。

不如從現在開始，用不同的視角
重新看待這個歷久不衰的課題吧？

只要稍微轉換角度，
就會發現其實我們隨時都可以過著實現夢想的生活，
而不是只顧著埋首在工作、職場之中，
尋覓所謂的幸福。

希望你的工作不會成為你人生的一切。

每個人
不都是在內心帶著一封辭職信
去上班嗎？

加倍頻繁地想起
讓自己感到幸福的一切

○

觀看 YouTube 影片時，

我發現某種模式的影片名稱尤其能吸引目光——

「不該開咖啡廳的原因」、「不該碰股票的原因」、

「不該結婚的原因」等……

或許是因為一語道破了

那些正在苦惱「究竟該不該做某件事」的人的心理吧？

所以這些影片大多擁有很高的點擊次數。

對於想要找個藉口

合理化自己不是害怕踏出第一步的人來說，

這類主題確實是正中下懷。

沒有自信為渴望的事物竭盡所能時，

人們便會開始尋找各式各樣「做不到」的藉口，

並且將其合理化；

尤其是在疲於付出努力時，更是如此。

有時，

與自己為敵的我，

甚至會出現「對自己情緒勒索」的現象——

「就說我做不到嘛」、「試過了也不行啊」……

對「不幸」產生了根深蒂固的不合理信念。

只是，當下就要確認即將發生的事，

無疑就像是在肚子餓時買菜一樣。

相信大家都有過一、二次這種經驗——

由於當下的飢餓感太過強烈，

根本無法準確預測何時會飽足，

因此胡亂買了一大堆根本不需要的食材。

同理，正因為當下經歷的困境太過清晰了，

所以很容易會誤認為將來也得面對質量相等的苦痛。

人生之中遭遇較多不幸的人，

往往都會先一步思考「該避開哪些部分」。

因為，這些人已習慣為將來必然發生的不幸做好準備。

相反的，對於幸福指數比較高的人來說，

他們會更頻繁地思考「做了這件事能變得更幸福嗎？」。

正因為經常思考「我覺得幸福的事」、「我喜歡的事」，

所以看待世界的觀點比較積極正面，

同時能以更加自信的態度過生活。

當面對人生，有著積極正向的態度時，

自然會發生更多好事；

就算真的發生了不幸的事，也可以比較快復原。

你我的現實生活，

當然不可能像每天都漫步在康莊大道的電視劇，

不幸的事確實會隨時找上門。

有時，也會變得不勇敢些，

只是，我們都要為了讓自己更幸福而思考。

☆

竭盡所能去愛，

就是好好生活的最好方法。

——文森．梵谷（Vincent Van Gogh）

能讓我的人生如花綻放的，
只有我自己。

參考文獻

- 《自私情緒》（*Good Reasons for Bad Feelings*，暫譯），蘭道夫‧內斯（Randolph M. Nesse）著
- 《冷靜的利他主義者》（*Doing Good Better*，暫譯），威廉‧麥克阿斯基爾（William MacAskill）著
- 《正念》（*Good Morning, I Love You*，暫譯），蕭娜‧沙皮洛（Shauna L. Shapiro）著
- 《我的焦慮歲月》（*My Age of Anxiety*），史考特‧史塔索（Scott Stossel）著，廖月娟譯，天下文化
- 《哈佛教你幸福一輩子》（*Aging Well*），喬治‧華倫特（George E. Vaillant）著，許恬寧譯，天下文化
- 《無禮的代價》（*Mastering Civility*，暫譯），克莉絲汀 波拉斯（Christine Porath）著
- 《我的媽媽是海女》（엄마는 해녀입니다，暫譯），高希英著
- 《鼓吹虛假幸福的社會》（가짜 행복 권하는 사회，暫譯）金泰亨著
- 《隱遁機械》（은둔기계，暫譯），金弘中著
- 《名為不安的慰藉》（불안이라는 위안，暫譯），金慧伶著
- 《守好你的心理界限，療癒你的內在小孩》，文耀漢著，陳彥樺譯，新樂園
- 《你的大腦從不著急》（당신의 뇌는 서두르는 법이 없다，暫譯），梁銀雨著
- 《自尊課》（자존감 수업，暫譯），尹洪均著
- 《製造血清素！》（세로토닌하라!，暫譯），李時亨著
- 《我的生命意義是什麼》（내 삶의 의미는 무엇인가，暫譯），李時亨、朴尚美著
- 《敏感的我，怎麼可以這麼好》，全弘鎮著，翟云禾譯，拾青文化，2022
- 《Good Life》（굿 라이프，暫譯），崔仁哲著
- 《疲勞社會》（피로사회，暫譯），韓秉哲著

國家圖書館出版品預行編目資料

不要只顧著努力，也要過得幸福：給認真生活卻不安的你 58 個幸福清單 / 跳舞蝸牛
（댄싱스네일）著；王品涵譯 . -- 初版 . -- 臺北市：日月文化出版股份有限公司，2023.04
280 面；14.7*21 公分 . --（大好時光；65）
譯自：쉽게 행복해지는 사람
ISBN 978-626-7238-57-8（平裝）
1. 自我肯定　2. 自我實現
177.2　　　　　　　　　　　　　　　　　　　　　　　　　　　　112002134

大好時光 65

不要只顧著努力，也要過得幸福
給認真生活卻不安的你 58 個幸福清單

쉽게 행복해지는 사람

作　　者：跳舞蝸牛（댄싱스네일）
譯　　者：王品涵
主　　編：俞聖柔
校　　對：俞聖柔、張召儀
封面設計：高小茲
美術設計：LittleWork 編輯設計室

發 行 人：洪祺祥
副總經理：洪偉傑
副總編輯：謝美玲
法律顧問：建大法律事務所
財務顧問：高威會計師事務所
出　　版：日月文化出版股份有限公司
製　　作：大好書屋
地　　址：台北市信義路三段 151 號 8 樓
電　　話：（02）2708-5509　　傳　　真：（02）2708-6157
客服信箱：service@heliopolis.com.tw
網　　址：www.heliopolis.com.tw
郵撥帳號：19716071 日月文化出版股份有限公司

總 經 銷：聯合發行股份有限公司
電　　話：（02）2917-8022　　傳　　真：（02）2915-7212
印　　刷：軒承彩色印刷製版股份有限公司
初　　版：2023 年 4 月
初版四刷：2023 年 11 月
定　　價：380 元
I S B N：978-626-7238-57-8

Copyright © 2022 by Dancing Snail
Published by arrangement with Wisdom House, Inc.
All rights reserved.
Taiwan mandarin translation copyright © 2023 by Heliopolis Culture Group Co., Ltd.
Taiwan mandarin translation rights arranged with Wisdom House, Inc.
through M.J. Agency.

生命，因閱讀而大好